Belinda Hitzler

HERAUSFORDERUNG
Distanz**Reiten**

Belinda Hitzler

HERAUSFORDERUNG

HERAUSFORDERUNG
DistanzReiten

AUSRÜSTUNG
TRAINING
WETTKAMPF

Belinda Hitzler ist seit vielen Jahren Distanz-reiterin und hat bereits mehrere Wettbe-werbe gewonnen, so wurde sie zum Beispiel 1997 mit »Sulkan« Bayerische Meisterin und gewann im selben Jahr einen Ritt über 80 Kilometer in Bad Ischl/Österreich. 1999 wur-de sie mit »Sharia« Deutsche Vizemeisterin. Im gleichem Jahr gewann sie einen CEI-Ritt über 200 Kilometer an zwei Tagen in Aarau/Schweiz. 2000 rangierte Belinda Hitzler als beste Deutsche auf dem 14. Platz der Weltrangliste.

Die Deutsche Bibliothek – CIP-Einheitsaufnahme

Ein Titeldatensatz für diese Publikation ist bei Der Deutschen Bibliothek erhältlich.

Umschlagfotos: Vorderseite und Rückseite Ramona Dünisch
Umschlaggestaltung: Joko Sander Werbeagentur, München
Lektorat: Martina Vogt
Layoutkonzeption und Umsetzung: Atelier Steinbicker, München
Grafik: Susanne Retsch-Amschler Seite 64, Typodata, München Seite 22, 23, 24, 52, 107
Herstellung: Manfred Sinicki

BLV Verlagsgesellschaft mbH
München Wien Zürich
80797 München

© 2001 BLV Verlagsgesellschaft mbH, München

Reproduktion: Typodata, München
Druck: Boschdruck, Ergolding
Bindung: Conzella, München
Gedruckt auf chlorfrei gebleichtem Papier
Printed in Germany · ISBN 3-405-16111-8

Vorwort

Ich kann mich noch genau an meine ersten Versuche als Distanzreite-
rin erinnern. Ende April 1992 brachen mein Freund und Betreuer und
ich mit dem damals neunjährigen Araberwallach »Sulkan« auf zum
ersten Schwarzenfelder Distanzritt. Wie viele andere, so habe auch ich
mit einem Seminar und einem darauf folgenden Einführungsritt angefangen. Das war für mich als Greenhorn eine perfekte Kombination.
Die Strecke von 36 Kilometern konnte »Sulkan« locker und fit überstehen und wir hatten unseren ersten Distanzritt in der Wertung
erfolgreich absolviert.

Nach diesen 36 Kilometern hatte ich zwar Blasen an den Füßen, offene
Knie und am nächsten Tag einen gehörigen Muskelkater, aber viel
wichtiger war, dass wir unheimlich viel Spaß hatten. Von diesem Zeitpunkt an war ich unheilbar mit dem Virus »Distanzreiten« infiziert und
wollte mehr. Allerdings war ich mir damals noch nicht ganz sicher, wie
jemand 80 Kilometer, geschweige denn 160 Kilometer überstehen
kann.

Heute bin ich um diese Erkenntnis reicher und habe mehr Spaß am
Distanzreiten denn je, nicht zuletzt durch die Unterstützung meines
Lebensgefährten Stephan, meiner Familie und meiner Freunde, ohne
die ich nicht so viel erreicht hätte. An dieser Stelle danke ich allen, die
mir geholfen haben, ganz herzlich, ein Teil meines Erfolges gehört
ihnen.

Distanzreiten ist für mich der wunderbarste Sport, den ich mir mit
einem Pferd vorstellen kann. Jeder Ritt ist eine neue Herausforderung
für uns beide und während der vielen Kilometer habe ich meinen vier-
beinigen Partner kennen und schätzen gelernt.

Mit diesem Buch möchte ich Ihnen den Distanzsport näher bringen
und den Einstieg erleichtern, sodass Sie, Ihr Pferd, aber auch Ihre
Betreuer so viel Freude haben werden, wie ich damals hatte und heute
noch habe. Bestimmt können auch Sie mit einem gesunden Pferd
Distanzritte in der Wertung beenden.

Ich wünsche Ihnen viel Spaß beim Lesen und dann viel Glück für Ihre
Ritte!

Belinda Hitzler

Distanzreiten – was ist das eigentlich? 8
Die Entwicklung des Distanzreitens 10

Der Distanzreiter von heute 12
Voraussetzungen 12
Reiterliche Fähigkeiten 14
Fitness 17
Ernährung 18

Das richtige Pferd 20
Pferdetyp und Exterieur 21
Die Anatomie des Pferdes 21
Leistungseigenschaften 26
Rassenprofile 27
Geschlecht und Alter 32
Das eigene Pferd 32
Die Haltung 33

Das Training des Leistungspferdes 36
Grundbegriffe 36
Energiestoffwechsel und Energie-
bereitstellung 38
Auswirkungen auf das Herz-Kreislauf-
System und die Atmung 38
Aufbau der Grundkondition 39
PAT: Puls, Atmung und Temperatur 42
Trainingsmethoden 45
Die Gangarten im Training 47
Trainingsgelände 47
Die Berechnung des Tempos 48
Die Pflege des Pferdes im und
nach dem Training 48

Die richtige Fütterung 50
Die Verdauung des Pferdes 51
Grundlagen der Fütterung 53
Inhaltsstoffe 53
Energiebedarf des Distanzpferdes 56
Art der Futtermittel 58
Mengen 59
Fütterung während des Distanzrittes 60

Der Hufbeschlag — 62

Der Hufmechanismus — 63
Arten des Hufbeschlages — 65
Die richtige Hufpflege — 67

Die Ausrüstung — 70

Die Ausrüstung des Reiters — 71
Die Ausrüstung für das Pferd — 74

Die Crew — 84

Vorbereitung auf den ersten Ritt — 88

Die Auswahl des Wettbewerbes — 89
Anmeldung zum Ritt — 91
Planung und Vorbereitung — 95
Equidenpass — 95
Hufbeschlag — 96
Abreise — 97
Packen — 98
Transport — 101

Der Wettkampf — 102

Die Ankunft — 103
Die Voruntersuchung — 104
Untersuchungen zum Wohl des Pferdes — 105
Die Vorbesprechung — 107
Die letzten Vorbereitungen — 108
Der Ritt — 109

Reiten auf der »langen Strecke« — 124

Lampenfieber pur – der erste Distanzritt — 125
Bavarian Trail – der längste deutsche
Distanzritt — 128
Raid de Barcelona 2000 — 131
Distanzreiten in den Vereinigten
Arabischen Emiraten — 134
Begriffserklärungen — 137

Literaturverzeichnis — 139
Wichtige Adressen — 140

Distanzreiten –
was ist das eigentlich?

... in Harmonie mit dem Partner Pferd zahlreiche Kilometer überwinden.

Im Grunde bedeutet Distanzreiten, eine vorgegebene Strecke mit einem gesunden und fitten Pferd zu überwinden. Dies ist eine einzigartige Herausforderung an Pferd und Reiter und im Laufe der Zeit entwickelt sich eine besondere Beziehung zwischen den beiden. Das Pferd wird zum Partner, dessen Gewohnheiten, Vorlieben, Schwächen und Stärken man genau kennen lernt. Das ist in diesem Sport außerordentlich wichtig, damit man genau einschätzen kann, was einem Pferd zugemutet werden darf. Durch diese Erkenntnis reagiert der Distanzreiter immer sensibler auf die noch so kleinste Unregelmäßigkeit des Vierbeiners. Der Weg zum Erfolg – und damit ist nicht unbedingt der Sieg, sondern das Überwinden einer Strecke mit einem gesunden Pferd gemeint – ist mit den folgenden grundlegenden Voraussetzungen verbunden.

Disziplin	*bedeutet, sich und sein Pferd optimal auf einen Ritt vorzubereiten.*
Fairness	*Jeder sollte sich seinem Pferd und auch den anderen Reitern gegenüber fair verhalten.*
Charakterstärke	*beweist der, der sich nicht von dem Ehrgeiz anderer hinreißen lässt und somit auf die Gesundheit seines Pferdes Rücksicht nimmt.*
Verantwortung	*Jedem sollte bewusst sein, dass er Verantwortung für sein Pferd hat und dementsprechend handeln.*
Horsemanship	*sollte eigentlich selbstverständlich sein.*

Diese Schlagwörter sollen zeigen, dass Distanzreiten nicht nur ein schöner und vielleicht etwas schnellerer Ausritt ist, sondern auch Hochleistungssport sein kann. Das gilt für den Reiter auf der langen Strecke ebenso wie für die, die erst am Anfang stehen und an kürzeren Ritten teilnehmen. Besonders für diese Reiter und ihre Pferde sind 40 Kilometer eine enorme Leistung und gerade am Anfang kann durch Unwissenheit sehr viel Schaden angerichtet werden.

Neben der Verbundenheit zum Pferd hat mich die Kameradschaft unter den Reitern immer sehr fasziniert. Während des Rittes ist die Atmosphäre meist locker und entspannt, erfahrene Distanzcracks reiten zusammen mit weniger erfahrenen Reitern. Der richtige Wettkampf um die vorderen Plätze spielt sich beim Distanzreiten meist erst kurz vor dem Zieleinlauf ab.

Das Wunderbare an diesem Sport ist, dass man nie auslernt, denn jeder Ritt stellt andere Anforderungen an Reiter und Pferd.

Ein entspanntes Miteinander während des Wettkampfes.

Die Entwicklung des Distanzreitens

Das Distanzreiten ist in vielen Zeitepochen und Kontinenten zu finden und eigentlich eine ganz natürliche Sache. Ursprünglich hat der Mensch das Pferd domestiziert, um mit ihm lange Strecken zu überwinden. Das lag natürlich lange vor der Einführung des Distanzreitens in Deutschland. Hier legte Wolf Kröber, der Begründer der Equitana, den Grundstein. Er veranstaltete 1969 in Ankum erstmalig einen Distanzritt über 50 km. Seit diesem Zeitpunkt breitete sich der »Distanzvirus« unaufhörlich aus. Bis zur Gründung des Vereins Deutscher Distanzreiter (VDD) 1976 wurden einige Distanzritte gestartet, darunter auch die Heidedistanz, der erste Hundertmeiler (160 Kilometer) in Deutschland 1974. In der Zwischenzeit wurden zum Schutz der Pferde die überaus wichtigen Tierarztkontrollen eingeführt.

Organisationen und Wettkämpfe

1981 schloss sich der VDD der FN (Deutsche Reiterliche Vereinigung) an. Somit wurde das Reglement des VDD Bestandteil der LPO (Leistungsprüfungsordnung) und für alle Distanzveranstaltungen verbindlich. Da es nicht nur Distanzreiter, sondern auch -Fahrer gibt, wurde der Verein 1986 in Verein Deutscher Distanzreiter und Fahrer e.V. umbenannt. International kümmert sich die FEI (Fédération Equestre Internationale) um diesen Sport, sie schreibt Europa- und Weltmeisterschaften aus, die alle zwei Jahre stattfinden. Desweiteren bemüht sie sich beim Internationalen Olympischen Komitee darum, dass Distanzreiten künftig olympische Disziplin wird. Eine weitere internationale Organisation ist die ELDRIC (European Long Distance Riding Conference), die 1979 gegründet wurde, um ein einheitliches Reglement für internationale Veranstaltungen festzulegen. Sie ist der FEI angeschlossen. Jedes Jahr werden so genannte ELDRIC-Ritte nach FEI-Reglement ausgetragen, die erfolgreichsten Pferde und Reiter ehrt man am Ende der Saison. Ferner wurde 1999 unter Initiative der Vereinigten Arabischen Emirate die »FEI Emirates Endurance Worldwide Rankings« ins Leben gerufen. Es gibt zwei Ranglisten, eine wird nach den Reitern und die andere nach den Pferden geführt. Dabei zählen alle CEI-Ritte, die generell nach FEI-Reglement ausgetragen werden. Mittlerweile haben immer mehr Nationen die Faszination des Distanzreitens entdeckt und es finden Wettkämpfe in verschiedenen Ländern statt, so wurde zum Beispiel 1998 die Weltmeisterschaft in der Wüste des Emirates Dubai ausgetragen. Dort erfreut sich das Distanzreiten sehr großer Beliebtheit und exzellent organisierte Ritte werden regelmäßig ausgetragen.

*2nd World's Most Pre-
ferred Endurance Ride
in Dubai März 2000:
200 Kilometer müssen
an zwei Tagen geschafft
werden. Etwa alle 5 Kilo-
meter befinden sich
mitten in der Wüste
Wasserstellen.*

Allgemein ist festzustellen, dass sich die Qualität der Veranstaltungen verbessert hat. Die Organisatoren bemühen sich, die Grundlagen für einen sportlich fairen Wettkampf zu schaffen, wodurch auch die Akzeptanz und Anerkennung in der Öffentlichkeit wächst.

Mit den vielen Wettkampfkilometern im Laufe der Jahre ist auch das Know-how rund um den Distanzsport gewachsen. Das hat zur Folge, dass der Sport härter und die Ritte schneller geworden sind. Ob dies positiv oder negativ zu bewerten ist, hängt davon ab, ob die Geschwindigkeit, die der Reiter seinem Pferd abverlangt, auch dessen Trainingsstand und der Erfahrung des Reiters entspricht. Es ist nicht wichtig, wie schnell die anderen Mitstreiter reiten, viel wichtiger ist zu wissen, in welchem Tempo man selbst reiten kann, damit der Partner Pferd die vorgegebene Strecke unbeschadet übersteht.

Der Distanzreiter
von heute

Belinda Hitzler mit dem
Araberwallach »Oregon«
beim 3rd World's Most
Preferred Endurance Ride
in Dubai

Voraussetzungen

Der Distanzreiter von heute ist ein sehr vielseitiger und sportlicher
Horseman. Mit viel Gefühl und Geduld motiviert und trainiert er sein
Pferd, damit es die Distanz meistern kann. Aber auch die eigene
körperliche Fitness darf nicht zu kurz kommen.

Nur wer fit ist und über die nötige Kraft und Ausdauer verfügt, kann sein Pferd optimal entlasten, anstatt zu belasten. Der Reiter zeichnet sich aus durch besonderes Einfühlungsvermögen für sein Pferd. Nur so wird er jede kleinste Veränderung deuten und sofort reagieren können. Es ist sehr wichtig, den Unterschied festzustellen, ob das Pferd nur faul oder einfach müde ist. Im letzten Fall riskiert der Reiter, es zu erschöpfen, wenn er es weiter zu Höchstleistungen antreibt. Um diese Sensibilität zu erlangen, bedarf es sehr viel Trainings und auch Zeit, die man mit seinem Vierbeiner verbringt. Das erfordert Durchhaltevermögen und Disziplin. Ich habe es nicht als Belastung empfunden, dass ich viele Trainingskilometer ohne Trainingspartner oder Freunde zurücklegen musste. Ich hatte ja mein Pferd und lernte es umso besser kennen. Das ist die beste Vorbereitung auf einen Ritt, denn da muss man sich unter Umständen auch allein mit seinem Pferd durchkämpfen. Deshalb ist eine weitere Eigenschaft eines guten Distanzreiters Nervenstärke. Viele unerfahrene Pferde reagieren in der Regel während eines Wettkampfes anders als beim Training. Durch die vielen fremden Pferde oder den Tierarzt, der sie plötzlich anfasst, sind sie häufig nervös oder verunsichert. Wenigstens der Reiter sollte in

Die Ruhe und Gelassenheit des Reiters überträgt sich im Wettkampf auch auf das Pferd.

dieser Situation die Nerven bewahren, sein Pferd beruhigen und ihm Sicherheit vermitteln. Wer herumbrüllt und versucht, versäumte Erziehungsmaßnahmen auf einem Ritt nachzuholen, erreicht meist das Gegenteil, ganz zu schweigen von dem schlechten Eindruck, den er dabei in der Öffentlichkeit hinterlässt.

Der Distanzreiter sollte bedenken, dass er seinen Sport in der Öffentlichkeit repräsentiert. Fairness und Sportsgeist sind gefragt, seinem Pferd, aber auch seinen Mitstreitern und Konkurrenten gegenüber. Bei allem sportlichen Eifer sollte man jedoch nicht vergessen, dass Ziel und Erfolg trotz noch so effizienten Trainings und bester Pulswerte nicht erreicht werden, wenn das Pferd nicht als Partner respektiert, sondern als Sportgerät degradiert wird.

Die Schlagwörter auf Seite 14 fassen zusammen, über welche Eigenschaften ein Distanzreiter verfügen muss.

Die Eigenschaften eines erfolgreichen Distanzreiters

Geduld

Gefühl

Einfühlungsvermögen

Sensibilität

körperliche Fitness

Nervenstärke

Fairness

Disziplin

Charakter

Reiterliche Fähigkeiten

Ein Distanzreiter muss keine S-Dressur und kein S-Springen reiten können, eine solide Grundausbildung ist jedoch auch für diesen Sport unabdingbar.

Wer denkt, beim Distanzreiten muss man nichts können, wird nicht sehr weit kommen. Ausreden für mangelnde Kenntnis oder für Be-

Auch Distanzpferde müssen durch Dressurarbeit gymnastiziert werden.

quemlichkeit wie: »Mein Pferd ist ein Distanz- und kein Dressurpferd« oder »Mein Pferd kann und will das nicht, es ist für Dressurarbeit nicht geeignet« haben sich als Irrglauben erwiesen. Neben dem Reiter muss auch das Pferd eine Grundausbildung durchlaufen.

Der Distanzreiter muss in der Lage sein, sein Pferd immer und in jeder Situation reiten zu können. Er sollte durch eine fundierte Grundausbildung und regelmäßigen Reitunterricht sein Pferd, gerade in schwierigen Situationen, an den Hilfen haben, damit es sich gesund fortbewegen kann. Anderenfalls sind Schäden und Verletzungen vorprogrammiert.

Der Sitz

Damit wir unser Pferd nicht einseitig belasten, ist es wichtig, dass der Reiter seitlich ausbalanciert ist und in der Mitte sitzt. 50 Prozent aller Reiter sitzen nicht gerade. Diese Ungleichheit kann man von hinten sehr deutlich beobachten, die Hüfte knickt auf eine Seite mehr ab und die Wirbelsäule ist somit nicht mehr gerade. Mit dieser Haltung belasten wir nicht nur unser Pferd, sondern gefährden auch unsere eigene Gesundheit. Die Ungleichheit führt zur frühzeitigen Ermüdung beider, bis hin zur Lahmheit des Pferdes. Ein weiteres Ungleichgewicht kann entstehen, wenn der Oberkörper zu weit nach hinten oder vorn geneigt ist. Im letzten Fall werden die Vorhand und die Schulter zu sehr belastet und das Pferd ist in seiner Bewegung eingeschränkt. Sehnen, Bänder und Gelenke werden überbeansprucht und dies kann wiederum zu Lahmheit führen. Neigt sich der Oberkörper des Reiters zu weit nach hinten, können Verspannungen im Pferderücken auftreten, die negative Auswirkungen auf die Gesundheit des Reiters und Pferdes haben. Deshalb ist es sehr wichtig, dass wir unseren Sitz regelmäßig durch eine andere Person überprüfen lassen, am besten durch einen Reitlehrer. Folgende Übung ohne Pferd fand ich immer sehr hilfreich: Stellen Sie sich locker mit gespreizten Beinen auf den Boden und achten Sie darauf, dass sowohl Fersen als auch Ballen gleichmäßig belastet werden. Dann beugen Sie die Knie so weit, bis Sie Ihre Zehenspitzen nicht mehr sehen können. Kreisen Sie locker die Schultern nach hinten und verweilen Sie in der hinteren Stellung. Dann winkeln Sie ebenfalls die Arme leicht an und stellen sich vor, Sie würden die Zügel in Ihrer Hand halten. Der Hals und der Kopf sind entspannt, der Blick geradeaus gerichtet. In dieser lockeren und ausbalancierten Haltung sollten Sie auch auf dem Pferd sitzen und sich während des Reitens immer wieder selbst korrigieren. Diese Losgelassenheit wirkt jeder Steifheit entgegen, Gelenke und Muskeln verkrampfen nicht mehr und unser Pferd kann sich freier und geschmeidiger unter uns bewegen.

Der Schwebesitz

Mit der Gleichgewichtsfindung und dem korrekten Sitz sind die Voraussetzungen für den in der Distanzreiterei bevorzugten Schwebesitz geschaffen. Mit ihm können die Pferde über lange Strecken optimal im Trab und Galopp entlastet werden. Hierzu steht der Reiter mit leicht gebeugten Beinen in den Bügeln, wobei Knie- und Sprunggelenk als Stoßdämpfer wirken. Sind die Bügel zu lang und die Beine ausgestreckt, ist ein lockeres Mitfedern mit der Bewegung des Pferdes im Knie- und Fußgelenk nicht mehr möglich. Diese Steifheit führt über kurz oder lang zu Muskelverkrampfungen und Gelenkschmerzen. Zu kurze Bügel wiederum bringen den Reiter schnell aus der Balance und er stört sein Pferd durch die unruhige Körperhaltung. Der Oberkörper ist leicht nach vorn geneigt, um das Gleichgewicht halten zu können. Der Schwebesitz beim Distanzreiten ist aber nicht mit dem leichten Sitz der Springreiter zu verwechseln.

Der Sitz sollte locker und ausbalanciert sein.

Die Fitness des Reiters darf nicht vernachlässigt werden, schließlich reitet er Marathon. Was nutzt ein fittes Pferd, wenn der Reiter nicht durchhält. Also muss auch er regelmäßig trainieren. Ich habe die Erfahrung gemacht, dass Reiten allein nicht ausreicht und zu einseitig ist.

Der Reiter sollte in der Lage sein, sein Pferd zu entlasten, indem er mitläuft.

Krafttraining im Fitness-Studio

Die meisten Distanzreiter klagen über Schmerzen im Rücken, in den Knie- und Sprunggelenken sowie über Muskelkrämpfe in den Waden und den Oberschenkeln. Bei diesen Problemen, aber auch prophylaktisch, empfiehlt es sich, gezielt Muskulatur aufzubauen, um Bänder, Gelenke und die Wirbelsäule zu stützen. Dies kann man auf verschiedene Weise tun. Die beste Lösung ist jedoch, unter Anleitung von Profis in einem Fitness-Studio zu trainieren. Auf Anraten meines Arztes nutzte ich die Winterpause, um Muskulatur an den richtigen Stellen aufzubauen. Im Fitness-Studio wurde mir nach Beschreibung meiner Probleme ein individueller Trainingsplan ausgearbeitet und in der darauffolgenden Saison war ich topfit und hatte keine lästigen

Schmerzen. Ich konnte jedenfalls somit meine Gelenk- und Rücken-
probleme auf natürliche Weise beseitigen und »weg trainieren«.

Schulung der Ausdauer

Um sich während der Rittsaison weiter fit zu halten, muss man nicht
unbedingt im Fitness-Studio schwitzen. Es gibt auch viele Möglichkeiten für Outdoor-Sport. Zu den beliebtesten Sportarten zur Steigerung
der Ausdauer zählt sicherlich das Laufen. Für den Distanzreiter ist die
Ausdauer eine wichtige Voraussetzung. Immer wieder wird er beim Ritt
neben dem Pferd laufen, um es zu entlasten. Das Lauftraining sollte
jedoch nicht übertrieben und häufig durch kurze Gehpausen unterbrochen werden. Langsameres Tempo bringt meist mehr. Häufig wird
zu hart trainiert, deshalb kann ein Pulsmesser sehr hilfreich sein, um
dies zu verhindern.
Laufen können Sie natürlich überall, wobei Trimm-Dich-Pfade für den
Anfang ideal sind. Man findet optimales Gelände vor und durch die
Übungen wird der gesamte Körper trainiert. Bei der Absolvierung der
meist zwischen 3,5 und 5 Kilometer langen Rundkurse treten keine
Überanstrengungen auf. Weitere Alternativsportarten sind Radfahren,
Inlineskating oder Schwimmen.
Ein unverzichtbarer Bestandteil des Trainingsprogramms sind Dehn-
und Lockerungsübungen. Einseitige Belastungen führen zu einer funk-
tionellen Verkürzung der Muskulatur, was eine Überbeanspruchung
von Bändern und Sehnen zur Folge haben kann.

Ernährung

Eine ausgewogene und gesunde Ernährung ist für den Distanzreiter
wichtig, um fit und leistungsbereit sein zu können. Deshalb sollten Sie
auf eine abwechslungsreiche, gesunde Mischkost aus möglichst voll-
wertigen Nahrungsbestandteilen achten. Fett- und cholesterinhaltige
Speisen sollten vermieden werden, pflanzliche Fette sind tierischen
vorzuziehen. Essen Sie möglichst frische Nahrungsmittel wie Rohkost,
Salate und Obst. Für Sportler sind schwer verdauliche Speisen eher
eine Belastung und sollten während des Trainings und Wettkampfs
vermieden werden. Außerdem empfiehlt es sich, öfter kleinere Mengen zu essen.
Die folgende Übersicht zeigt die wichtigsten Nahrungsbestandteile.

Nahrungs-bestandteil	Vorkommen	Bedeutung	Bemerkung
Kohlenhydrate	Kartoffeln, Reis, Nudeln, Gemüse, Obst, Getreide	Energiespender	
Fette	Fleisch, Eier, Butter, Öl, Margarine	Energiespeicher für eine längere Belastung	weniger als 25 Prozent der Gesamtnahrung
Vitamine	Säfte, Obst, Gemüse	für Stoffwechsel lebenswichtig	
Mineralstoffe	Obst, Gemüse, Milch, Mineral-wasser, Vollkorn-produkte, Trocken-obst, Saftschorle	Knochenaufbau, Muskelfunktion, Blutbildung	Brausetabletten (bei großem Schweißverlust)

Nicht nur die feste Nahrung, sondern auch die flüssige ist sehr wichtig – also Wasser, Tee oder Saftschorle, am besten Apfel- oder Traubensaft im Verhältnis von 1:1 mit Wasser gemischt. Insgesamt sollte jeder Mensch pro Tag 2 bis 3 Liter Flüssigkeit trinken. Bei hohem Flüssig-keitsverlust nimmt auch die Leistung ab. Achten Sie deshalb bei Wettkämpfen immer darauf, dass Sie genügend und regelmäßig trinken. Bei hohem Schweißverlust ist es ratsam, den Mineralstoffhaushalt mit Brause-tabletten wieder aufzufüllen, zum Beispiel mit Magnesium oder Elektrolytmischungen oder mit der zuvor erwähnten Apfel- oder Trauben-saftschorle. Bei Brausetabletten sollte die empfohlene Tagesration eingehalten oder nur minimal überschritten werden.
Die sonstige Verpflegung während des Wett-kampfes ist meist individuell, empfehlens-wert sind Obst und eine kohlenhydrathaltige Nahrung. Bevorzugen Sie generell leicht ver-dauliche Speisen.

Nicht nur das Pferd, auch der Reiter muss ausreichend trinken.

Das richtige Pferd

Der Vollblutaraber-Wallach »Experiment«

Im Grunde eignet sich jedes Pferd zum Distanzreiten, voraus-
gesetzt es wurde richtig trainiert. Hinsichtlich der Streckenlänge und des Tempos sind jedoch jedem Pferd individuell
Grenzen gesteckt. Es liegt nun am Reiter, diese herauszufinden
und entsprechend zu reagieren.

Pferdetyp und Exterieur

Der für das Distanzreiten geeignete Pferdetyp ist zwischen 150 und 160 Zentimeter groß und leichtfüßig. Er hat einen korrekten, eher quadratischen Körperbau und eine athletische Figur mit flacher Muskulatur. Der Hals ist korrekt bemuskelt, gut aufgesetzt und nicht zu kurz mit guter Ganaschenfreiheit. Die Brust ist nicht zu schmal. Der Widerrist ist normal ausgeprägt und reicht weit in den leicht geschwungenen, nicht zu langen und kräftigen Rücken, die Schulter fällt idealerweise schräg ab. Eine leicht abfallende Kruppe und eine gut bemuskelte Hinterhand runden das Bild ab. Die Gliedmaßen sind harmonisch und ebenmäßig ohne Stellungsfehler, die Gelenke gut ausgeprägt. Die Beine sind »trocken«, das heißt, Sehnen, Knochen und Blutgefäße kann man gut erkennen. Die nicht zu lange Fessel der Vorderbeine hat einen optimalen Winkel von ca. 45 Grad zum Boden, bei den Hinterbeinen sind es 50 Grad. Der Huf ist hart und zäh, mit gleichmäßig belasteten Trachten.

Die Anatomie des Pferdes

Beim Distanzreiten sind die Pferde einer größeren, teilweise extremen Belastung ausgesetzt. Daher ist zum besseren Verständnis für das Tier ein Grundwissen über seine Anatomie sehr wichtig. Es ist von Vorteil, wenn der Reiter bei Verletzungen oder Beschwerden schon vor dem Eintreffen des Tierarztes eine Diagnose stellen und eventuell erste Hilfe leisten kann.

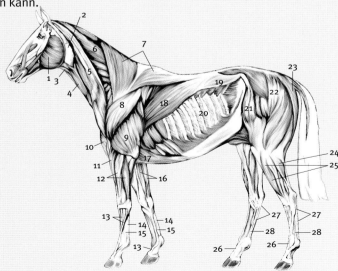

Muskulatur
1 Kaumuskel 2 Ohr-
speicheldrüse 3 Brust-
Zungenbeinmuskel
4 Brust-Kiefermuskel
5 Oberarm-Kopfmuskel
6 Milzförmiger Muskel
7 Kappenmuskel
8 Grätenmuskel
9 Strecker des Vorarmes
10 Oberflächlicher Brust-
muskel 11 Strecker des
Vordermittelfußes
12 Zehenstrecker 13 Seh-
nen der Zehenstrecker
14 Oberflächliche Beuge-
sehne 15 Tiefe Beuge-
sehne 16 Beuger der
Vorderfußwurzel
17 Tiefer Brustmuskel
18 Breiter Rückenmuskel
19 Rückenlendenbinde
20 Großer schiefer Bauch-
muskel 21 Kruppen-
muskel 22 Auswärts-
zieher des Hinter-
schenkels 23 Einwärts-
zieher 24 Achillessehne
25 Zehenstrecker
26 Sehnen der Zehen-
strecker 27 Oberfläch-
liche Beugesehne
28 Tiefe Beugesehne

Maße und Proportionen eines korrekt gebauten Pferdes:

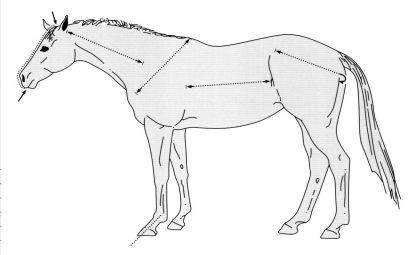

Mit diesen Maßen kann man die idealen Linien eines Leistungspferdes erkennen. Bei einem ideal gebauten Pferd sind die Maße gleich lang.

Wir wissen nun, wie das ideale Distanzpferd aussehen sollte. Da jedoch die wenigsten Pferde perfekt sind, möchte ich noch auf Gebäudefehler und ihre möglichen Auswirkungen näher eingehen.

Normales und anormales Fundament

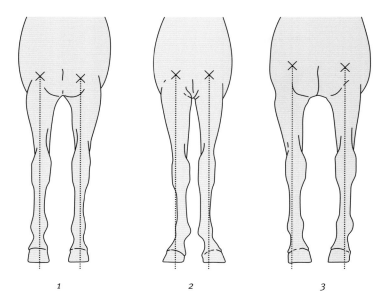

Stellung der Vordergliedmaßen

Von vorn:
1 *normal*
2 *bodeneng*
3 *zeheneng*

1   2   3

1   normal
Im Idealfall würde ein vom Schultergelenk gefälltes Lot jeweils durch die Mitte des Karpal- und Fesselgelenkes sowie des Hufes gehen.

2   bodeneng und schmalbrüstig
Belastung der jeweiligen Gelenke, Sehnen und Bänder sowie unregelmäßige Abnutzung und Belastung des Hufes. Außerdem Verletzungsgefahr durch Streichen in der Bewegung wegen der zu engen Stellung.

3   zeheneng
Belastung der jeweiligen Gelenke, Sehnen und Bänder sowie unregelmäßige Abnutzung und Belastung des Hufes.

4   normal
Idealerweise geht das von der Mitte des Schulterblattes gefällte Lot durch das Ellenbogen-, Vorderfußwurzel- und Fesselgelenk.

5   bärentatzig
Belastung der jeweiligen Gelenke, Sehnen und Bänder.

6   vorbiegig (kniehängig)
Belastung des Karpalgelenkes sowie der jeweiligen Bänder.

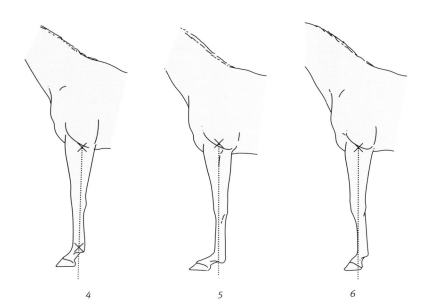

4   5   6

Stellung der Vorder-
gliedmaßen

Von der Seite:
4 *normal*
5 *bärentatzig*
6 *vorbiegig*
(kniehängig)

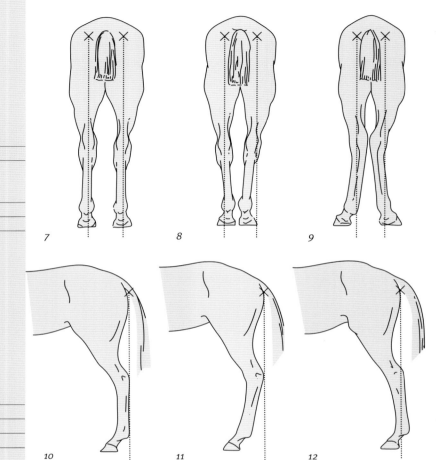

Stellung der Hinter-
gliedmaßen

von hinten:
7 *normal*
8 *fassbeinig*
9 *kuhhessig*

Von der Seite:
10 *normal*
11 *säbelbeinig*
12 *rückständig*

7 normal
Das vom Sitzbeinhöcker gefällte Lot halbiert Gliedmaßen und Huf.

8 fassbeinig
Belastung der jeweiligen Gelenke, Sehnen und Bänder.

9 kuhhessig
Belastung der jeweiligen Gelenke, Sehnen und Bänder sowie Begünstigung von Spaterkrankung.

10 normal
Das Lot verläuft vom Sitzbeinhöcker aus hinten am Sprunggelenk und dann am Fesselgelenk entlang.

11 säbelbeinig
Begünstigung von Spat und Muskelverspannungen.

12 rückständig
Schwierigkeiten mit der Versammlung, Neigung zur Empfindlichkeit im Rücken.

Hals

Pferde mit Hirschhals (Unterhals) haben Schwierigkeiten in der Versammlung und drücken oftmals den Rücken weg, was Probleme und Schmerzen mit sich bringt. Deshalb ist es wichtig, die Rückenmuskulatur zu stärken und eventuelle Verspannungen zu lösen. Außerdem kann durch gezielte, jedoch nicht übertriebene Dressurarbeit die Halsmuskulatur sowie die Rückenmuskulatur verändert werden.
Ein zu kurzer Hals mit zu wenig Ganaschenfreiheit verursacht auch Schwierigkeiten in der Versammlung.

Widerrist

Die einzige Schwierigkeit wird sein, für ein Pferd mit extrem hohen Widerrist einen geeigneten Sattel zu finden, der nicht drückt und keine Schmerzen verursacht.

Rücken

Ein zu langer Rücken ist instabil und kann dem Pferd bei falscher Reitweise Schmerzen und Verspannungen bereiten, bis hin zur Lahmheit. Es empfiehlt sich, durch Dressur- und Longenarbeit gezielt Rückenmuskulatur aufzubauen. Außerdem sollte der Reiter darauf achten, dass er den Rücken wenn immer möglich entlastet.

Muskulatur

Die Muskulatur des Distanzpferdes sollte flach sein, da für die Versorgung großer, dicker Muskelpakete zu viel Energie benötigt wird.

Mit der Betrachtung der Gebäude- und Stellungsfehler soll nicht suggeriert werden, dass Pferde für das Distanzreiten untauglich sind, wenn sie nicht dem Ideal entsprechen. Die Reiter sollen lediglich für eventuelle Probleme ihrer Pferde sensibilisiert werden.

Die folgenden Eigenschaften beeinflussen die Leistung des Pferdes.

Charakter

Reiter bevorzugen ausgeglichene und nervenstarke Pferde, die dem Menschen wohl gesonnen sind und mit ihm kooperieren. Sensible Pferde können bei einer langen Fahrt im Anhänger Probleme haben. Durch den Ortswechsel werden sie möglicherweise nichts fressen und trinken. Dies kann zu metabolischen Problemen führen, die Reiter und Betreuer einkalkulieren müssen. Es gibt wohl kaum Pferde, die von Natur aus bösartig sind, ungehorsam werden sie meist durch das Fehlverhalten der Menschen. Diese Fehler auszumerzen, dauert in der Regel sehr lange und erfordert viel Geduld und Einfühlungsvermögen.

Temperament

Distanzreiter wollen Pferde mit Vorwärtsdrang und einer gesunden Portion Temperament. Sie sollten dabei jedoch nicht zu heftig sein und kontrollierbar bleiben, da sonst zu viel Energie »verpulvert« wird. Außerdem besteht bei unberechenbaren Tieren eine große Verletzungs- und Unfallgefahr.

Leistungsbereitschaft

Dies ist eine der Grundvoraussetzungen für das Distanzreiten. Pferde, die keinen Spaß am Laufen haben und ständig getrieben werden müssen, sind für diesen Sport wenig geeignet.

Rittigkeit

Distanzpferde müssen rittig sein, um die weiten Strecken gesund zu überstehen. Diese Rittigkeit hat nicht jedes Pferd in gleichem Maße, günstige körperliche Anlagen, entsprechende Muskelpartien und ein geeignetes Temperament nehmen positiven Einfluss darauf. Reiter können die Rittigkeit durch gymnastizierende Dressurarbeit fördern.

Konstitution

Der gesamte Körperbau mit seinen Organen, Muskeln und Knochen bildet die Voraussetzung für das Erzielen von Leistungen.

*So locker und leicht
sollten die Pferde laufen.*

Bei all den Aspekten dürfen wir jedoch nicht vergessen, dass Pferde Lebewesen sind, die wir nicht nur nach möglichem Potential und Fehlern begutachten sollten. Die Augen sind auch beim Pferd der Spiegel der Seele und in diese sollten wir ab und zu tief blicken.

Rassenprofile

Auf Distanzritten sieht man alle möglichen Rassen und Mischungen. Es ist jedoch zu beobachten, dass mit zunehmender Distanz die Zahl der Araber und Araber-Mix steigt. Ich möchte nachfolgend einige der auf deutschen Distanzritten überwiegend anzutreffenden Rassen kurz erklären.

Vollblutaraber und Araber-Mix

Vollblutaraber und Araber-Mix sind wegen ihrer Ausdauer und Härte für das Distanzreiten besonders geeignet. Ihre Lauffreudigkeit und Konstitution machen sie zu idealen Langstreckenläufern. Harte Hufe lassen sie mühelos über jedes Geläuf traben und ihr aufrechter Charakter und ihre Intelligenz begeistern viele Reiter. Ihr reges Temperament erfordert jedoch eine erfahrene Hand. Wegen der positiven Eigenschaften und nicht zuletzt wegen der Schönheit und Eleganz wurde der Vollblutaraber mit vielen Rassen gekreuzt. Das geschah entweder mit robusten Ponys oder Warmblütern, um diese zu veredeln, oder zum Beispiel mit Englischen Vollblütern, wobei eine anerkannte Rasse entstand, der Anglo-Araber. Bei allen guten Voraussetzungen, die der Araber mitbringt, hat man jedoch keine Garantie dafür, dass das Tier ein gutes Distanzpferd wird.

Durch seinen angeborenen Laufwillen und seine Härte ist der Araber prädestiniert für das Distanzreiten und überwiegt in dieser Sportart weltweit.

Englisches Vollblut

Diese Pferderasse wurde für den Galopprennsport gezüchtet und gilt als schnell und ausdauernd. Wegen ihres Temperaments sind diese Pferde nichts für Anfänger. Zwar ist das Zuchtziel ein schneller und ausdauernder Renner, jedoch kann aus einem Vollblüter mit gesunden Beinen, harten Hufen und einem starken Nervenkostüm auch ein gutes Distanzpferd werden.

Der Vollblüter »Simple the Best« unter Melanie Arnold ist eines der erfolgreichsten Distanzpferde in Deutschland.

Traber

Traber erfreuen sich immer größerer Beliebtheit. Sie sind hart, ausdauernd, besitzen gute Hufe und haben durch das Training auf der Rennbahn eine gute Grundkondition. Außerdem werden sie meist günstig an Freizeitreiter abgegeben.

Warmblüter

Bei richtigem Training und guter Versorgung hat auch der Warmblüter eine Chance.

Auch Warmblüter können lange Strecken überwinden, der Energieaufwand der meist rahmigeren und größeren Pferde ist jedoch viel höher, was bei zu hohem Tempo zu metabolischen Problemen führen kann.

Klein aber oho,
dieses Pony hat seine
Reiterin Stefanie Arnold
erfolgreich über
160 Kilometer getragen.

Ponys

Die meist zähen und selbstbewussten Ponys sind nicht zu unterschätzen. Sie sind vielleicht nicht so schnell wie ihre größeren Artgenossen, aber oft härter und sehr ausdauernd. Bei Ponys mit schwerem Körperbau sollten der Puls und die Atmung beobachtet werden, um eine Überbelastung und metabolische Probleme zu vermeiden.

Hengst, Stute oder Wallach? Das ist hier die Frage und die Antwort hängt ab von der Intuition, der Sympathie und der eigenen Einstellung. Es gibt natürlich Vor- und Nachteile bei den Geschlechtern. Nicht erzogene Hengste können anstrengend sein. Nicht nur, weil sie sich bei Pulskontrollen in Nachbarschaft zu einer Stute oder einem anderen Hengst sehr aufregen können – sondern auch beim Reiten in der Gruppe. Ungezogene Hengste, die der Reiter nicht unter Kontrolle hat, stellen eine Gefahr für andere Teilnehmer dar und haben auf einem Distanzritt nichts zu suchen. Meine Stute wurde einmal von einem Hengst geschlagen, als der Tierarzt bei ihr Puls gemessen hatte. Es war »nur« eine Fleischwunde, die genäht werden musste, aber der Ritt war damit für uns beendet. Nicht auszudenken, wenn der Hengst den Tierarzt oder mich getroffen hätte. Nicht der Hengst hatte schuld, sondern der verantwortungslose Reiter.

Stuten sind eher launisch, aber sehr verlässlich. Wallache dagegen sind meist ausgeglichen und ruhig. Es hängt immer vom Reiter ab, was er aus dem Pferd macht.

Das Reglement hat für die Teilnahme an Distanzritten verschiedener Längen Mindestalter der Pferde vorgeschrieben:

Kategorie	Entfernung	Alter
Einführungsritte	bis 39 km	5 Jahre
Kurze und Mittlere Distanzritte	bis 79 km	6 Jahre
Lange Distanzritte	ab 80 km	7 Jahre

Distanzreiter sollten jedoch nicht zu früh zu hart trainieren und den Pferden Zeit lassen, sich langsam an die Belastung zu gewöhnen. Um so länger werden sie gesund und fit bleiben.

Das eigene Pferd

Nach all den »Maßangaben« für das ideale Distanzpferd fragt sich der eine oder andere nun, ob sein Pferd eigentlich zum Langstreckenreiten geeignet ist. Sie kennen jetzt die Idealvorstellungen und die Kriterien, auf die man beim Pferdekauf achten sollte. Da jedoch die meisten Einsteiger, egal aus welcher Reitweise sie ursprünglich stammen, bereits Pferde haben, mit denen sie die Herausforderung Distanzreiten wagen wollen, sollen diese Ausführungen dazu dienen, das eigene Pferd zu beurteilen und besser zu verstehen. Es gibt nur wenige Pferde, die perfekt sind. Trotzdem können viele Pferde an Distanzritten teilnehmen.

Die Haltung

Zu diesem Thema gibt es verschiedene Meinungen. Manche Reiter sind überzeugt von der Offenstall-Haltung, andere betrachten es als Tierquälerei, wenn der geliebte Vierbeiner bei Wind und Wetter draußen sein muss und bevorzugen Boxenhaltung. Generell gilt, dass sowohl die physiologischen als auch die psychologischen Ansprüche der Pferde beachtet werden müssen. Als Steppen- und Fluchttiere beanspruchen Pferde eine gewisse Bewegungsfreiheit, die durch regelmäßige Koppelgänge ermöglicht werden muss. Da Pferde auch Herdentiere sind, benötigen sie möglichst immer Kontakt zu ihren Artgenossen.

Das Pferd fühlt sich offensichtlich wohl.

Distanzpferde sind Leistungspferde und sollten auch als solche behandelt und gehalten werden. Gegen Offenstallhaltung ist nichts einzuwenden, wenn Folgendes beachtet wird:

Saubere Unterstände und trockener Auslauf. Schlammlöcher sind nichts für Pferde und verursachen Mauke und Strahlfäule.

Genügend Platz muss vorhanden sein, damit sich die Pferde auch aus dem Weg gehen können.

Die Pferde während der Fütterung von Kraftfutter anbinden oder in Futterstände stellen, damit auch jedes Tier das bekommt, was es aufgrund der Leistung benötigt.

Leistungspferde sollten nicht frieren, daher, wenn nötig, eindecken.

Die Herde sollte nicht mehr als elf Pferde umfassen, da dies sonst nicht mehr der Sozialordnung entspricht, die in der Natur gilt.

Das ist ein vorbildlicher Offenstall.

Die Boxenhaltung sollte folgende Kriterien erfüllen:

Tägliche Säuberung der Boxen, reichlich saubere und staubfreie Einstreu.

Täglicher Koppelgang.

Gutes Stallklima, es darf nicht zu warm sein, aber auch nicht zugig.

Helle Boxen mit natürlichem Licht.

Die Box muss groß genug sein, etwa 10 bis 12 Quadratmeter.

Viele Pferdehalter bevorzugen Boxenhaltung speziell für Sportpferde, um diese vor Bisswunden oder Verletzungen durch Schläge der Artgenossen zu schützen. Eine solche Blessur kann sehr schnell die Teilnahme an einem Wettbewerb verhindern, zum Beispiel wenn sich die Wunde genau in der Sattellage befindet oder das Pferd nach einer Keilerei lahmt.

Der Schutz der Tiere darf jedoch nicht zur »Einzelhaft« werden, denn die Pferde brauchen den sozialen Kontakt zu ihren Artgenossen ebenso wie den täglichen Gang auf die Koppel.

Eine Alternative zur Offenstall- und Boxenhaltung stellen Außenboxen mit Paddock dar. Dadurch hat das Pferd einen größeren Bewegungsfreiraum, der jedoch nicht den täglichen Koppelgang ersetzt.

Die Raufutteraufnahme ist sehr wichtig und Heu und Stroh sollte den Pferden immer ausreichend zur Verfügung stehen.

Das Training
des Leistungspferdes

*Unabhängig von der Streckenlänge ist die richtige Vorberei-
tung des Distanzpferdes die Grundvoraussetzung für eine
erfolgreiche Teilnahme an einem Wettkampf. Trainieren Sie Ihr
Pferd mit viel Fingerspitzengefühl und Sensibilität. Übertriebe-
ner Ehrgeiz und Verbissenheit bewirken meist das Gegenteil
und beeinflussen das Pferd negativ.*

Grundbegriffe

Um die Pferde optimal auf die Anforderungen und Belastungen im
Wettkampf vorzubereiten, müssen wir sie konsequent trainieren. Das
heißt jedoch nicht, dass wir jeden Tag 30 Kilometer durchs Gelände
jagen sollen. Beim Training kommt es auch auf die Qualität und auf
das Einfühlungsvermögen des Reiters an. Voraussetzung ist jedoch,
dass unser Pferd gesund ist.

Was dieses Training bewirken soll, habe ich mit einigen Schlagwörtern und Erklärungen in einer Übersicht zusammengefasst.

Kraft	*Kraft durch Muskulatur bedeutet größere Leistungsreserven. Muskeln an den richtigen Stellen dienen als Stabilisatoren und beugen Verletzungen vor. Das Distanzpferd benötigt jedoch keine dicken Muskelpakete.*
Ausdauer	*Der Begriff kennzeichnet das Vermögen, eine Leistung über einen möglichst langen Zeitraum durchzuhalten.*
Schnelligkeits-ausdauer	*Die Schnelligkeitsausdauer wird als Geschwindigkeitsreserve für einen erfolgreichen Endspurt benötigt (Finish).*
Leistungswille	*Mit zunehmender Fitness wird auch die Leistungsbereitschaft gesteigert.*
Gesundheit	*Stärkung des Immunsystems Vertiefte Atmung Senkung des Ruhepulses Vergrößerung des Herzmuskels Erweiterung der Glykogenspeicher Vermehrung der roten Blutkörperchen Verbesserte Sauerstoffaufnahme Beruhigende Wirkung auf das Nervensystem*
Beweglichkeit	*Gymnastizierung fördert die Beweglichkeit und Lockerung der Muskulatur und mindert die Verletzungsgefahr.*
Routine	*Durch vielseitiges Training und Üben der verschiedensten Situationen wächst das Vertrauen des Pferdes zum Menschen und es wird immer gelassener mit neuen Anforderungen umgehen.*

Energiestoffwechsel und Energiebereitstellung

Die für die körperliche Leistung benötigte Energie wird überwiegend aus der Verbrennung von Kohlenhydraten und Fetten gewonnen. Die Verbrennung im Muskel ist abhängig von der Dauer und Intensität der Belastung. Bei intensiver Belastung, zum Beispiel Spurts oder Galopp bergauf, arbeitet der Muskel im anaeroben Bereich, da nicht genügend Sauerstoff zur Energiegewinnung zur Verfügung steht. Durch diese »Sauerstoffschuld« entsteht Milchsäure (Laktat), die zur allmählichen Übersäuerung der Muskulatur führt und damit zum Leistungsabfall. Um Schäden zu vermeiden, sollte die anaerobe Phase nur kurzzeitig sein.

Wenn der Sauerstoffbedarf jedoch gedeckt werden kann, verläuft der Stoffwechsel aerob, unter Entstehung von Kohlendioxid und Wasser, wobei die Energie nicht so schnell zur Verfügung steht wie beim anaeroben Stoffwechsel. Unter diesen Voraussetzungen kann die Belastung jedoch über einen sehr langen Zeitraum aufrechterhalten werden. Ein Gleichgewicht von Energieverbrauch und aerober Energiegewinnung entsteht, was als »Steady State« bezeichnet wird.

Aerobe Phase	ausreichend Sauerstoff	Steady-State
Anaerobe Phase	zu wenig Sauerstoff	Übersäuerung der Muskulatur

Auswirkungen auf das Herz-Kreislauf-System und die Atmung

Während ein Kraft- und Schnelligkeitstraining vornehmlich Auswirkungen auf den Muskelstoffwechsel hat, beeinflusst ein ausdauerbetontes Training unter anderem das Herz-Kreislauf-System. Es passt sich an die Belastung an. Der Herzmuskel wird gekräftigt und kann mehr Blut pro Zeiteinheit in die Arterien befördern. Infolge des erhöhten Schlagvolumens sinkt bei gleicher Blutmenge die Herzfrequenz. Durch die Neubildung kleiner Blutgefäße wird die Fließeigenschaft des Blutes gesteigert und die Muskulatur kann besser versorgt werden.

Durch die Atmung wird der Organismus mit Sauerstoff versorgt. Das Training verbessert die Lungenkapazität und die Sauerstoffausnutzung und vermindert den Aufwand für die Atmung.

Aufbau der Grundkondition

Gerade am Anfang stellt sich immer wieder die Frage nach dem Trainingsmaß, damit das Distanzpferd die weiten Strecken unbeschadet übersteht. Es gibt leider kein Patentrezept. Einige nützliche Tipps und Erfahrungswerte können aber dem Einzelnen helfen, einen individuellen Trainingsplan für sein Pferd zu erstellen. Wichtig ist, dass Sie Ihr junges Pferd langsam an die Belastung heranführen. Der Araber zum Beispiel ist mit fünf Jahren ausgewachsen und sollte erst mit vier Jahren angeritten werden.

Damit die Arbeit an der Longe effektiv ist, sollte man das Pferd ausbinden.

Die Tiere müssen sich zunächst an die fremden Einflüsse außerhalb des gewohnten Umfeldes gewöhnen. Ich habe meine Pferde mit viereinhalb Jahren angeritten und langsam mit kleinen Ausritten angefangen. Zur Verbesserung der Rittigkeit und zur Gymnastizierung wurde das Training mit Bahn- und Longenarbeit ergänzt.

Bodenarbeit mit dem Pferd an der Doppellonge

*Seitengänge an
der Hand*

Junge Pferde müssen ihr Gleichgewicht in den verschiedenen Gangarten finden. Sehr wichtig ist, dass man nicht zu viel fordert, damit
dem Pferd der Spaß nicht vergeht. Auch die Bahnarbeit darf nicht
übertrieben werden. Wenn Pferde anfangs gut mitarbeiten, aber dann
widersetzlich werden, kann das ein Anzeichen dafür sein, dass die
Arbeit zu viel oder zu anspruchsvoll war. Man sollte die Arbeit langsam
ausklingen lassen und an einem anderen Tag fortsetzen, vorausge-
setzt, diese Widersetzlichkeit beginnt nicht schon nach 5 Minuten. Die
richtige Dosierung des Trainings erfordert ein gewisses Fingerspitzengefühl des Reiters. Er muss sein Pferd genau beobachten. Daher sollte
man sich einen Grundsatz einprägen: »Weniger ist oft mehr!«
Die kleineren Ausritte von ca. einer Stunde kann man im Laufe der Zeit
immer mehr steigern. Beobachten Sie dabei jedoch stets die Reaktion
des Pferdes auf die Belastung. Zur Kräftigung der Muskulatur und Verbesserung der Ausdauer ist Schritttraining am Berg eine sehr effektive
Methode, die Sehnen und Gelenke schont. Bei allem Eifer sollten Sie
jedoch nicht die Erholungsphasen vergessen und mindestens einen
freien Tag pro Woche einplanen.

So könnte das Training zum Aufbau der Grundkondition aussehen:

Inhalt	Dauer	Häufigkeit
Locker Ausreiten	*1 bis 2 Stunden*	*dreimal pro Woche*
Schritt – 50 %		
Trab – 30 %		
Galopp – 20 %		
Gymnastizierung		*zweimal pro Woche, eventuell im Wechsel*
Longenarbeit	*15 bis 25 Minuten*	
(nur ausgebunden)		
Dressurarbeit	*30 bis 60 Minuten*	
Längerer Ausritt	*2 bis 4 Stunden*	*ein- bis zweimal pro Woche*
Schritt – 50 %		
Trab – 30 %		
Galopp – 20 %		
Ruhepause	*1 Tag*	*ein- bis zweimal pro Woche*

Wassertreten und Schwimmen sind sehr effektive Arten der Gymnastizierung und des Muskelaufbaus. Außerdem gewöhnt man die Tiere so an das Wasser, denn Wasserdurchquerungen sind auf Distanzritten durchaus keine Seltenheit.

Das Überqueren von Baumstämmen, die im Wald auf dem Boden liegen, fördert die Trittsicherheit und Aufmerksamkeit der Pferde.

Lassen Sie Ihr Pferd beim Longieren über zwei bis vier Stangen traben. Damit schulen Sie nicht nur die Konzentration und Trittsicherheit, sondern das Pferd wird durch die Dehnung der Rückenmuskulatur entspannen und sich dadurch besser tragen.

Reitanlagen mit einem Gelände für Vielseitigkeitsreiter bieten hervorragende Trainingsmöglichkeiten. Dort finden Sie genügend Baumstämme und auch Möglichkeiten für Wasserdurchquerungen.

Diese Angaben sollen Trainingsvorschläge sein. In der Praxis muss jeder individuell entscheiden, wie er die Ausritte gestaltet. Die Gymnastizierung sollte jedoch fester Bestandteil sein.

PAT: Puls, Atmung und Temperatur

Zur Überwachung der Kondition und des Trainingszustandes des Pferdes werden die Puls-, Atem- und Temperaturwerte gemessen. Die Kontrollen der Herzfrequenz zeigen, wie stark das Pferd körperlich gefordert wird und geben Ihnen wichtige Informationen über den Trainingszustand. Deshalb ist es sehr wichtig, dass wir den Puls genau kennen und beobachten, wie er sich während des Trainings verändert. Hierzu messen wir regelmäßig den Puls in der Ruhe, während der Belastung und nach dem Training. Außerdem prüfen wir, wie schnell das Pferd regeneriert, das heißt, wie lange es unmittelbar nach einer bestimmten Strecke im Trab oder Galopp benötigt, bis der Pulswert auf 64 oder 60 gesunken ist, wie das im Wettkampf auch gefordert wird. Beim Trainingsende beobachten wir, wann der Ruhepuls erreicht ist. Das Messen ist ganz einfach, entweder geschieht es mit dem Stethoskop, das auf der linken Seite zwischen Ellbogen und Sattelgurt angesetzt wird, oder man ertastet den Puls mit zwei Fingern auf der Innenseite der Ganaschen beziehungsweise an der Innenseite der Vorderbeine, ober- und unterhalb des Karpalgelenks.

Der Pulsschlag ist ein Doppelschlag, der nur als ein Schlag gezählt wird. Üblicherweise misst man 15 Sekunden lang und multipliziert die gemessene Zahl mit 4.

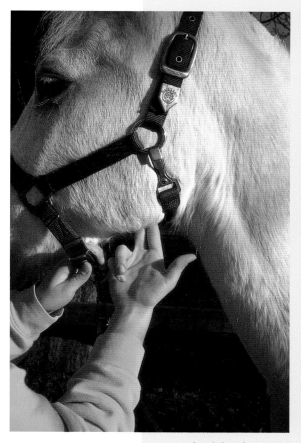

So wird an den Ganaschen der Puls gemessen.

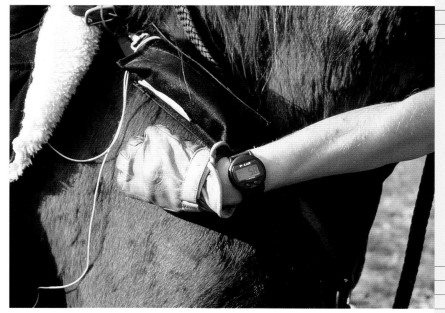

Mit dem elektronischen Pulsmesser hat man permanent Kontrolle über den Puls.

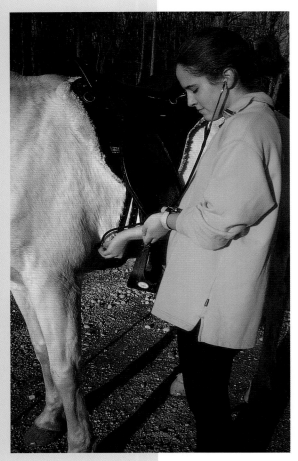

Der Puls wird zwischen Sattelgurt und Ellbogen mit einem Stethoskop gemessen.

Ein weiteres Messinstrument ist der elektronische Pulsmesser, der in jeder Situation Aufschluss über den Puls des Pferdes gibt. Er besteht aus einer Pulsmessuhr und zwei Elektroden, die über Kabel mit dem Receiver verbunden sind. Dieser wird am Sattel befestigt, eine Elektrode befindet sich auf der linken Seite unter dem Sattel und die andere auf der rechten Seite unter dem Sattelgurt, in Höhe des Ellbogens. Die Uhr wird am Handgelenk getragen, am besten auf der Seite des Receivers. Somit sind Sie immer über den Puls informiert und können frühzeitig Überlastungen vermeiden und auch das Training effektiver gestalten. Wer nicht so viel Geld für einen elektronischen Pulsmesser ausgeben möchte, verwendet ein Stethoskop, das normalerweise in jedem Sanitätshaus günstig zu erwerben ist. Durch die Kontrolle der Temperatur können Sie erste Anzeichen von Erkrankungen feststellen, wenn der Wert vom Normalwert abweicht.

Beim Wettkampf

Da der Puls während des Wettkampfes auch mit einem Stethoskop gemessen wird, lernt das Pferd schon im Training, dass es ruhig stehen bleiben muss. Während eines Distanzrittes gibt es mehrere Pulskontrollen. Die obere Grenze des Pulses beträgt dabei 64 oder 60 Schläge pro Minute. Dieser Wert muss innerhalb von 20 Minuten erreicht sein, anderenfalls wird man disqualifiziert. Deshalb ist es wichtig, im Training zu erfahren, wie schnell man reiten kann, damit dieser Grenzwert nicht überschritten wird.

Die Atemwerte werden während eines Wettkampfes nicht mehr gemessen. Jedoch sollten auch diese analog zu den Pulswerten im Training überprüft werden – in Ruhe, während der Belastung und danach. Die Atmung kann man entweder an den Nüstern oder an der Flanke überprüfen, 15 Sekunden lang die Atemzüge zählen und anschließend diesen Wert mit 4 multiplizieren.

PAT-Durchschnittswerte in der Übersicht:

Puls	Schläge/Min.	Atmung/Min.	Temperatur
Ruhe	*25 bis 45*	*8 bis 16*	*37,5 bis 38,5°C*
Schritt	*70 bis 90*	*Die Werte sind abhängig vom*	
Trab	*100 bis 140*	*Konditionszustand des Pferdes*	
Galopp	*130 bis 250*		

Die Atmung steigt analog der Leistung und kann unter starker Anstrengung mehr als 130 Atemzüge pro Minute betragen. Auch die Temperatur erhöht sich bei Belastung und kann bis auf 40 Grad Celsius ansteigen. Damit wir eine Kontrolle über diese Werte haben und ihre Veränderung später nachvollziehen können, empfehle ich, diese in einen Trainingsplan einzutragen.

Trainingsmethoden

Nachfolgend möchte ich die Haupttrainingsmethoden kurz erklären, die jedoch zum Teil nur für Pferde mit solider Grundkondition geeignet sind und Erfahrung des Reiters voraussetzen. Außerdem ist ein elektronischer Pulsmesser erforderlich. Als Haupttrainingsmethoden gelten die Dauer-, Intervall- und Wiederholungsmethode.

Die Dauermethode

Die Dauermethode ist gekennzeichnet durch eine lange und gleichmäßige Ausdauerbelastung ohne Pausen. Ziel ist es, die Ausdauerleistung möglichst lange unter Verbrennung von Sauerstoff zu erbringen, also im aeroben Bereich. Man spricht von Grundlagenausdauer (GA). Je nach Trainingsstand überwindet das Pferd eine gewisse Strecke und benötigt dazu ein bis drei Stunden. Das Tempo ist gleichmäßig und der Puls beträgt zwischen 130 und 155 Schlägen pro Minute. Dabei gilt: Je länger die Strecke ist, um so geringer sollte der Pulswert sein. Zum Beispiel beträgt der Puls 130 bei 3 Stunden Training. Die Energiebereitstellung erfolgt bei längerer Dauer durch den Fettstoffwechsel, bei kürzeren Strecken und somit etwas höherem Tempo beziehungsweise Puls durch den Kohlenhydrat- und Fettstoffwechsel.

Es gibt noch eine verschärfte Ausdauerform, die GA2. Das ist ein intensives Grundlagenausdauertraining, bei dem zeitweise bei einem Puls von 160 bis 180 Schlägen pro Minute im anaeroben Bereich gearbeitet wird. Am Anfang sollten Sie jedoch nur die GA1 trainieren und erst Erfahrungen sammeln.

Die Intervallmethode

Die Intervallmethode zeichnet sich im Gegensatz zu der Dauermethode dadurch aus, dass der Trainingsverlauf durch Pausen unterbrochen wird. Man unterscheidet die intensive und die extensive Intervallmethode:

intensive Intervallmethode	*anaerober Bereich*
extensive Intervallmethode	*aerober Bereich*

Bei der extensiven Methode sollte das Verhältnis von Belastung und Pause 1:1 sein, bei der intensiven Methode dagegen 1:5. Man spricht von lohnenden Pausen, da diese nicht zur vollständigen Erholung führen.

Beispiel:

Methode	Dauer	Pulswert	Pause (Schritt)	Wiederholungen
extensiv	*3 Min.*	*140–160*	*3 Min.*	*3–4*
intensiv	*1 Min.*	*170–190*	*5 Min.*	*2–3*

Die Wiederholungsmethode

Die Wiederholungsmethode ist ähnlich der intensiven Intervallmethode, in den Pausen erfolgt jedoch eine vollständige Erholung.

Die Trainingsmethoden, bei denen der über die Atmung angebotene Sauerstoff nicht mehr zur Bereitstellung der geforderten Leistung ausreicht – und somit im anaeroben Bereich gearbeitet wird –, erfordern sehr viel Erfahrung des Reiters und Trainers sowie einen fortgeschrittenen Trainingsstand des Pferdes. Deshalb sind sie für Anfänger eher ungeeignet. Meine Empfehlung ist daher, die Pferde für kurze und mittlere Distanzritte mit der Dauermethode GA1 vorzubereiten.

Die Gangarten im Training

Sie sollten sich nicht auf eine Gangart spezialisieren. Ihr Pferd sollte sich in jeder Gangart losgelassen und taktrein bewegen können. Voraussetzung dafür ist, dass Sie dies auch fordern und trainieren. Schritt, Trab und Galopp sollten raumgreifend sein, der Schritt zudem fleißig. Die Aussage, dass der Trab die Gangart der Distanzreiter ist, halte ich persönlich für überholt. Ich habe beobachtet, dass viele Pferde im Galopp bessere Pulswerte aufweisen als im Trab, was darauf hindeutet, dass ihnen das Traben schwerer fällt. Gehen Sie auf Ihr Pferd ein und beobachten Sie es. Wechseln Sie bei flachen Ritten öfter die Gangart, um nicht immer dieselben Muskelgruppen zu belasten. Voraussetzung dafür ist natürlich angemessenes Geläuf.

Trainingsgelände

Sowohl Trab als auch Galopp sollten Bestandteile des Trainings sein.

Bitte beschränken Sie Ihr Training nicht nur auf gutes Geläuf, das werden Sie auch im Wettkampf nicht überall vorfinden. Bereiten Sie Ihr Pferd in der angemessenen Geschwindigkeit auf alles vor, um die Trittsicherheit zu schulen. Sie sollten den ganzen Bewegungsapparat an verschiedene Anforderungen wie harten oder weichen Boden gewöhnen. Hierzu eignen sich Querfeldeinreiten und Klettern, außerdem sollte auch auf hartem Boden getrabt werden, jedoch zunächst in

Maßen, zur Gewöhnung. Auf einem Ritt können auch Bachdurchquerungen vorkommen. Hügel sind schon allein wegen des Trainingseffektes sowie für die Balance vorteilhaft.

Da das gewohnte Gelände rund um den Stall erfahrungsgemäß irgendwann langweilig wird, sollten Sie Ihr Pferd zur Abwechslung öfter verladen und in einer anderen Umgebung trainieren. Das wird Ihnen beiden gut tun und sie neu motivieren. Außerdem ist das eine gute Gelegenheit, den Transport zu üben.

Die Berechnung des Tempos

Beim Distanzreiten wird entweder in Stundenkilometern oder in Tempi gerechnet, zum Beispiel bedeutet Tempo 4, dass durchschnittlich 4 Minuten pro Kilometer benötigt werden. Um ein Gefühl für die Geschwindigkeitseinheiten zu bekommen, sollten Sie eine Strecke ausmessen und stoppen, wie lange Sie dafür benötigen. Die folgende Tabelle verschafft Ihnen einen Überblick:

Tempo	km/h	Tempo	km/h	Tempo	km/h	Tempo	km/h
3	20	4	15	5	12	6	10

Die Pflege des Pferdes im und nach dem Training

Um die Gesundheit und damit auch die Leistungsbereitschaft Ihres Vierbeiners zu erhalten, ist die Pflege zu Hause äußerst wichtig. Beobachten und untersuchen Sie Ihr Pferd deshalb ganz genau, um Reaktionen festzustellen, wie zum Beispiel angelaufene Beine, Streifverletzungen an den Beinen oder Empfindlichkeit der Sattel- und Gurtlage.

Beim Putzen wird nicht nur der Stoffwechsel angeregt und die Muskulatur vorgewärmt, sondern Sie entdecken auch Verspannungen oder Verletzungen.

Um Ihrem Pferd nicht unnötig Schmerzen zu bereiten, sollten Sie schnellstmöglich etwas unternehmen, wenn Sie eine Reaktion festgestellt haben. Prüfen Sie zum Beispiel, ob der Sattel passt. Legen Sie bei Streifverletzungen Gamaschen an und kontrollieren Sie den Beschlag, eventuell darf man die Schenkel nicht ganz so weit überstehen lassen.

Putzen ist wichtig für das Wohlbefinden des Pferdes.

Vergewissern Sie sich vor Abritt, dass die Eisen noch optimal sitzen. Der unfreiwillige Verlust zieht meist Ausrisse der Hufwand mit sich, was ein erneutes Nageln erschweren und eine längere Auszeit verursachen kann. Das Reinigen der Hufe sollte vor und auch nach dem Reiten selbstverständlich sein, um Druck durch festsitzende Steinchen zu vermeiden. Spritzen Sie nach dem Training die Beine des Pferdes mit Wasser ab, denn der Strahl wirkt wie eine Massage, regt die lokale Durchblutung an und beugt einem Anlaufen der Beine vor. Nach harter Arbeit können Sie die Beine auch kalt einbandagieren. Sie verwenden am besten eine mit kaltem Wasser getränkte Bandagierunterlage und bandagieren mit Wollbandagen. Mit elastischen Bandagen läuft man Gefahr, zu fest zu wickeln und damit die Durchblutung zu blockieren. Die Bandagen kann man mehrere Stunden am Bein lassen, da die Unterlage nur für kurze Zeit kalt ist und sich dann durch die Körpertemperatur erwärmt, was wiederum den Abtransport von Ablagerungen fördert.

Bei warmem Wetter fühlt sich Ihr Tier erheblich wohler, wenn Sie ihm den Schweiß abwaschen, um die Poren frei zu machen.

Bei kühlem Wetter müssen die Pferde nach der Arbeit unbedingt eingedeckt werden.

Auch zu Hause sollten Sie Gangkontrollen durchführen, um zu überprüfen, ob man mit dem Training fortfahren kann und um das Vortraben für den Wettkampf zu üben.

Die richtige Fütterung

Die Versorgung von Mensch und Tier ist bei heißen Temperaturen besonders wichtig, um metabolische Probleme zu verhindern.

Die vollwertige und bedarfsgerechte Fütterung ist Grundlage für die Leistungsfähigkeit aller Pferde. Dabei reicht es nicht aus, Distanzpferde nur mit Gras und Heu zu füttern. Sie sollten sich jedoch nicht ausschließlich nach Fütterungstabellen richten, vielmehr ist es sinnvoll, ein gewisses Feingefühl für sein Pferd und dessen Futterbedarf zu entwickeln.

Beobachten Sie, wie Ihr Pferd auf bestimmte Futtermittel anspricht. Nervöse Pferde kann man zum Beispiel über das Futter gezielt beruhigen, damit die Energie optimal genutzt wird. Außerdem lassen sich so Probleme bei der Pulskontrolle vermeiden. Zu faulen und ruhigen Pferden dagegen kann man etwas mehr Leistungsbereitschaft verschaffen. Dann hat auch der Reiter mehr Spaß, wenn er nicht so treiben muss und das Pferd einen gesunden Vorwärtsdrang entwickelt. Die Fütterung muss daher immer individuell gestaltet werden, da die »Futtrigkeit« von Typ zu Typ unterschiedlich ist. Ausreichende Reserven sind sehr wichtig, daher sollten die Pferde nicht zu dünn sein. Zu hohes Körpergewicht dagegen belastet den Organismus nur unnötig.

Der Futterzustand dieses Vollblutarabers ist optimal: Er ist nicht zu dick, aber trotzdem hätte er genügend Reserven für den Wettkampf.

Die Verdauung des Pferdes

Das Pferd verfügt über einen Verdauungskanal, der etwa dem zwölffachen der Körperlänge entspricht, bei einem Großpferd sind das ungefähr 30 Meter. Das Gesamtfassungsvermögen der Verdauungsorgane beträgt etwa 200 Liter.

Der Verdauungstrakt gliedert sich wie folgt:

Im **Maul** wird das Futter mit kräftigen Mahlzähnen gut zerkleinert. Dies regt die Speichelproduktion an, die die Verdauung günstig beeinflusst. Bei der Aufnahme von Raufutter wird ungefähr doppelt so viel Speichel gebildet wie bei Krippenfutter. Zur Futteraufnahme sind daher ausreichend Fresszeiten erforderlich.

Der **Magen** fasst zwischen 10 und 20 Liter, in ihm verweilt das Futter 6 bis 12 Stunden. Während dieser Zeit werden die Hälfte der Eiweiße und ein Drittel der Kohlenhydrate des Futters aufgeschlossen.

Im **Dünndarm** erfolgt eine Aufbereitung der Nahrungsbestandteile durch die Verdauungssäfte.

Den folgenden **Dickdarm** unterteilt man in **Blind- und Mastdarm.** Der Blinddarm fasst 30 bis 40 Liter und hat eine Oberfläche von ca. 20 Quadratmetern. Hier wird Zellulose zu Fettsäuren abgebaut. Der Nahrungsbrei wird durch Wasserentzug eingedickt und zu Kotballen geformt.
Die Verweildauer der Nahrung im Verdauungskanal hängt von der Struktur des Futters ab. In der Regel werden 36 Stunden nach der Futteraufnahme etwa 50 Prozent als Kot ausgeschieden.

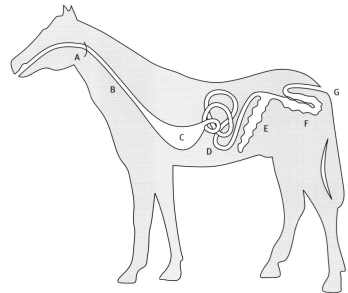

Verdauungstrakt
des Pferdes

A *Schlundkopf*
B *Schlund*
C *Magen*
D *Dünndarm*
E *Blinddarm*
F *Dickdarm*
G *After*

Grundlagen der Fütterung

Viele Krankheiten werden durch Fütterungsfehler hervorgerufen oder wenigstens begünstigt. Daher sollte man folgende Regeln beachten:

Wegen des kleinen Magens sollte die Futtermenge pro 100 Kilogramm Lebendgewicht 0,4 Liter Kraftfutter nicht übersteigen. Füttern Sie Pferden deshalb öfter kleinere Mengen, um das Risiko eine Kolik zu bekommen zu verringern.

Genügend Raufutter geben, entweder Heu oder Grünfutter. Der Raufaseranteil beträgt idealerweise mindestens 25 Prozent der Tagesration.

Vor dem Füttern sollten Sie dem Pferd Wasser geben. Säuft das Tier erst nach dem Fressen, kann ein Teil des Kraftfutters aus dem Magen gespült werden, bevor es ausreichend verdaut wurde. Dies begünstigt die Kolikanfälligkeit.

Nicht unmittelbar nach dem Füttern reiten. Die Pferde brauchen etwa eineinhalb Stunden Ruhe, damit das Futter optimal verdaut werden kann. Bei Belastung würde das Blut aus dem Verdauungstrakt abgezogen, um die Lunge und die Muskulatur zu versorgen.

Auf gute Futterqualität achten. Schimmeliges oder staubiges Heu kann Atemwegs-Erkrankungen hervorrufen, das Gleiche gilt für Stroh. Getreide und Kraftfutter sollten trocken gelagert und auf Parasiten überprüft werden.

Keine plötzliche Futterumstellung vornehmen. Die zur Verdauung notwendigen Bakterien brauchen Zeit, sich umzustellen, andernfalls könnte das Pferd sein neues Futter nicht optimal verwerten.

Die Futterration und der Energiegehalt sind der Belastung und dem Pferdetyp anzupassen.

Inhaltsstoffe

Die Zusammensetzung des Futters muss so erfolgen, dass der tägliche Energie-, Eiweiß-, Mineralstoff- und Vitaminbedarf der Pferde gedeckt wird. Hierbei sollten Sie auf ein ausgeglichenes Energie-Eiweiß-Angebot achten.

Eiweiß ermöglicht das Muskelwachstum während des Trainings. Zu viel Eiweiß belastet jedoch bei seinem Abbau die Funktion der Leber und Nieren. Dies entzieht dem Pferd zusätzlich Energie. Pferde benötigen bei gesteigerter Arbeit zwar deutlich mehr Energie, der Bedarf an Eiweiß erhöht sich aber nur gering.

Mineralstoffe spielen für den Stoffwechsel der Pferde eine wichtige Rolle und müssen über das Futter zugeführt werden. Die Mineralstoffe unterscheidet man in **Mengenelemente** und **Spurenelemente.** Zu den wichtigsten Mengenelementen gehören Kalzium (Ca), Phosphor (P), Magnesium (Mg), Kalium (K) und Natrium (Na). Zu den lebenswichtigen Spurenelementen zählen Eisen (Fe), Zink (Zn), Kupfer (Ku) und Selen (Se).

Mengenelemente

Kalzium und Phosphor werden größtenteils in den Knochen eingelagert. Beide sind sehr wichtig für die Blutgerinnung und den Energiestoffwechsel der Muskulatur. Das Verhältnis von Kalzium zu Phosphor im Futter sollte idealerweise bei 2:1 liegen. Das Kalzium-Phosphor-Verhältnis kann durch im Handel erhältliche Mineralstoffmischungen für Pferde korrigiert werden. Bei zu hohem Getreideanteil kommt es zu einem Phosphorüberschuss. Kalziummangel führt zu Knochenbrüchigkeit und Stoffwechselstörungen, Phosphormangel zu Fressunlust und ebenfalls Stoffwechselstörungen.

Magnesium spielt eine wichtige Rolle für den Muskelstoffwechsel und ist am Aufbau von Knochen und Zähnen beteiligt. Durch starken Schweißverlust kann ein Mangel an Magnesium zu Nervosität und Muskelkrämpfen führen. Dies sollte mit Magnesiumpräparaten ausgeglichen werden.

Kalium und Natrium sind wichtig für den Wasserhaushalt, die Muskeln und die Nervenfunktion. Bei starkem Schweißverlust werden diese Mengenelemente vermehrt ausgeschieden und müssen daher dem Pferd zugeführt werden. Ich empfehle hier eine Elektrolytmischung, die bei verschiedenen Herstellern erhältlich ist. Da man hier keine Reserven anfüttern kann, sollte das Zusatzfutter je nach Wetter und Schweißverlust verabreicht werden. Lecksteine sollten Sie zusätzlich anbieten, jedoch reichen diese bei hohem Schweißverlust während des Trainings oder eines Distanzrittes nicht aus. Kalium- und Natrium-mangel können zum Leistungsabfall bis hin zum Kreislaufkollaps führen oder Koliken verursachen. Außerdem sind bei einer Unterversorgung Muskelkrämpfe möglich. Zu viel Natrium bewirkt Durchfall.

Spurenelemente

Eisen fördert die Bildung roter Blutkörperchen und hat eine zentrale Bedeutung für den Sauerstofftransport.

Zink unterstützt die Regeneration der Hautzellen und ist wichtig für den Eiweißstoffwechsel. Zinkmangel kann zu Hautproblemen wie Ekzemen führen.

Selen kräftigt das Immunsystem, schützt die Zellen (Muskelzellen) und wirkt zusammen mit Vitamin E. Selenmangel mit gleichzeitigem Vitamin-E-Mangel verursacht Skelett- und Herzmuskelveränderungen sowie Muskelschmerzen und führt somit zu Lahmheit. Ein Überschuss bewirkt Vergiftungserscheinungen, daher ist erhöhte Vorsicht bei Zufütterung von Selenpräparaten geboten. Bei zunehmender Anforderung können Vitamin E und selenhaltige Futterzusätze verabreicht werden, jedoch sollten Sie die vom Hersteller vorgegebenen Maximalmengen einhalten.

Kupfer wird für die Bildung roter Blutkörperchen und die Knochenentwicklung benötigt. Ein Mangel an Kupfer kann Blutarmut, ein Überschuss Leberstörungen auslösen.

Vitamine

Sie sind lebensnotwendig für viele Stoffwechselvorgänge. Gesundheit und Leistungsfähigkeit hängen also wesentlich von einer optimalen Vitaminversorgung ab.

Vitamin A wird im Organismus aus **Karotin,** einem Provitamin, gebildet. Es ist ein Wachstumsvitamin und schützt die Zellschichten der Haut. In den Sommermonaten wird der Bedarf durch Grünfutter gedeckt. Während der Heufütterung ist die Versorgung ungenügend und kann entweder durch Möhren, die eine hohe Konzentration von Karotin enthalten, oder durch Vitaminpräparate ergänzt werden.

Vitamin D hat großen Einfluss auf den Kalzium-Phosphor-Haushalt und wird gebildet bei Einwirkung von Sonnenlicht über die Haut. Im Winter kann der Bedarf durch Heu gedeckt werden.

Vitamin E beeinflusst den Stoffwechsel von Skelett- und Herzmuskulatur. Es ist ein wichtiger Zellschutz und für Sportpferde von großer Bedeutung.

Biotin kommt aus der Gruppe der B-Vitamine und hat einen günstigen Einfluss auf die Hornqualität und Substanz der Hufe. Bei schlechten Hufen sollten Biotinpräparate konsequent über mehrere Monate gefüttert werden, da der Huf etwa ein Jahr braucht, um vom Kronrand zum Tragrand zu wachsen.

Wasser

Der Körper des Pferdes besteht zu 65 bis 75 Prozent aus Wasser. Das als Trinkwasser aufgenommene Wasser wird über den Harn, den Kot und den Speichel ausgeschieden, zudem je nach Trainingszustand des Pferdes über den Schweiß und die Verdunstung. Ein Defizit von 8 Prozent Körperflüssigkeit, das sind je nach Größe des Tiers zwischen 20 und 30 Liter, kann bereits Probleme verursachen. Die Pulsfrequenz erhöht sich, da das Blut durch den Flüssigkeitsverlust dicker wird und seine Fließeigenschaft verändert. Die Körpertemperatur steigt und die Pferde werden apathisch. Um derartige Reaktionen zu vermeiden, ist es äußerst wichtig, dass die Pferde häufig trinken.
Dies kann man bereits zu Hause üben, indem man die Pferde daran gewöhnt, aus Pfützen, Bächen oder Seen zu saufen. Eine ausreichende Aufnahme von Wasser ist auch auf längeren Trainings- oder Wanderritten nötig. Außerdem sollte man die Pferde immer wieder aus verschiedenen Eimern tränken, trotz Selbsttränke. Es ist sehr wichtig, dass den Pferden stets genug sauberes Wasser im Stall und auf der Koppel zur Verfügung steht.

Energiebedarf des Distanzpferdes

Je höher die zu erbringende Leistung und Anforderung, desto hochwertiger muss auch die Fütterung sein. Damit ist nicht unbedingt die Menge, sondern die Energiekonzentration gemeint. Wie bereits erwähnt, kann das Pferd wegen des kleinen Magens nur eine begrenzte

Futtermenge aufnehmen. Daher empfehle ich, qualitativ hochwertige
und energiereiche Mischfutter zu kaufen und je nach Leistungsanfor-
derung zu füttern. Energiereserven schafft man auch durch Zufütterung von Öl, ohne die Futtermenge zu erhöhen. Geeignet sind Öle, die
einen niedrigen Schmelzpunkt besitzen wie Mais-, Lein-, Sonnenblu-
men- und Distelöl. Beginnen Sie mit einem Esslöffel pro Tag. Dann können Sie die Menge auf 5 bis 10 Prozent des Konzentratfutters steigern.

Heu ist als Raufutter eine der wichtigsten Komponenten bei der Fütterung von Sportpferden. Es hat einen hohen Nährstoff-, Mineralstoff- und Vitamin-D-Gehalt und dient außerdem als Wasserspeicher. Es muss aber von guter Qualität sein.

Grünfutter kann Heu während der Sommermonate ersetzen und ist sowohl Rau- als auch Saftfutter.

Stroh gehört wiederum zum Raufutter und ist reich an Ballaststoffen.

Hafer ist ein gutes Futtermittel mit hoher Energiekonzentration. Er ist leicht bekömmlich und wird rasch verdaut. Die aus ihm gewonnene Energie steht dem Organismus innerhalb von 2 Stunden zur Verfügung. Durch den hohen Spelzenanteil ist eine relativ gute Rohfaserwirkung gegeben. Hafer kann sowohl gequetscht als auch ganz gefüttert werden und hat jeweils eine Verdaulichkeit von 80 Prozent. Gequetschter Hafer sollte aber schneller verbraucht werden, da er rasch verdirbt. Außerdem werden durch das Quetschen ungesättigte Fettsäuren zerstört. Hafer hat jedoch ein sehr enges Kalzium-Phosphor-Verhältnis und sollte daher nicht einseitig und in großen Mengen gefüttert werden.

Mais ist rohfaserarm und hat den höchsten Energieanteil aller Getreidearten. Seine Verdaulichkeit liegt bei 30 Prozent, wenn ganze Körner gefüttert werden. Geschrotet wird er zu 70 Prozent verdaut und als Popcorn oder Cornflakes zu 95 Prozent. Mais kann als Krippenfutter zugesetzt werden, sein Anteil sollte aber nicht mehr als 50 Prozent betragen.
Auch Maissilage wird als Pferdefutter eingesetzt, was jedoch einen absolut sauberen Umgang und schnellen Verbrauch voraussetzt, da sich in Verbindung mit Sauerstoff sehr schnell gesundheitsschädliche Bakterien an den Anschnittstellen bilden können.

Gerste ist rohfaserarm und sehr hart, ihre Verdaulichkeit liegt nur bei 20 Prozent. Das Kalzium-Phosphor-Verhältnis ist auch bei Gerste sehr eng und wirkt sich bei übermäßiger Fütterung negativ auf den Stoffwechsel aus. Gerste kann dem Krippenfutter bis zu einer Höchstmenge von 50 Prozent zugesetzt werden, sie muss jedoch wegen ihrer Härte leicht angequetscht sein. Ich würde Gerste jedoch nicht als Pferdefutter einsetzen.

Trockenschnitzel müssen einen Tag vorher in der dreifachen Menge Wasser eingeweicht werden, um ein Aufquellen in der Speiseröhre zu vermeiden. Dies kann zu hartnäckigen Verstopfungen führen. Trockenschnitzel sollten jedoch einem Sportpferd wegen der geringen Inhaltsstoffe nicht als Alleinfutter gegeben werden.

Mash sollten Sie maximal zweimal pro Woche verfüttern, da die Pferde bei der Aufnahme wenig kauen und dadurch nur wenig Speichel bilden. Mashfütterung wirkt sich positiv auf das Haarkleid und den gesamten Ernährungszustand aus. Mash gibt es als fertige Mischung im Handel. Sie können es aber auch selbst mischen:
2 Handvoll Leinsamenschrot mit 2 bis 3 Litern kochendem Wasser übergießen und etwa 3 Stunden stehen lassen. Dazu 1 bis 2 Kilogramm Quetschhafer und Weizenkleie geben, außerdem Traubenzucker, 1 Esslöffel Kochsalz und eventuell ein Mineralstoff- und Vitaminpräparat. Das Ganze wird gut vermischt und warm gefüttert.

Fertigfutter für Pferde werden als vielseitig zusammengesetzte, energie-, eiweiß-, mineralstoff- und vitaminreiche Ergänzungs- und Alleinfutter unter Beachtung der spezifischen ernährungsphysiologischen Belange für verschiedene Nutzungsrichtungen produziert. Sie stellen eine sichere Alternative zur herkömmlichen Getreidefütterung dar, können aber kein Ersatz zu Heu oder sonstigem Raufutter sein.

Mengen

Wie schon erwähnt, sollten Sie nicht nur nach Tabellen füttern, sondern selbst ein Gespür für den Bedarf Ihres Pferdes entwickeln und die Reaktionen auf verschiedene Futtermittel und Zusatzstoffe beobachten. Wenden Sie sich an Ihren Futtermittelhersteller und lassen Sie sich beraten. Das sind meist Profis mit sehr viel Erfahrung, die Ihnen den einen oder anderen Tipp geben können. Wenn Sie jedoch nur nach Gewicht und Arbeitsleistung Ihres Pferdes gefragt werden und anhand dieser Informationen eine Fütterungstabelle präsentiert bekommen, sollten Sie vorsichtig sein. Diese Angaben sind zu pauschal. Daher möchte auch ich Ihnen hier keine Tabelle vorgeben, die Ihnen als Richtlinie für die richtige Menge des jeweiligen Futtermittels dienen soll. Füttern Sie nach Leistung unter Berücksichtigung der oben genannten Empfehlungen.

Fütterung während des Distanzrittes

Ich wurde schon oft nach der richtigen Fütterung während des Rittes gefragt. Viele Pferde sind nervös und fressen schlecht oder gar nicht. Ich habe die Erfahrung gemacht, dass meine Pferde zu Hause fast alles fressen, auf einem Ritt jedoch das gewohnte Futter verschmähen. Daher nehme ich immer verschiedene Futtermittel, wie zum Beispiel den beliebten Hafer, energiereiche Mischfutter und Zuckerrübenschnitzel zur Auswahl mit und mische Apfelstücke und Karotten darunter. Schlechte Fresser kann man auch locken, indem man Apfelmus unter das Futter rührt.

So könnte eine Futterration für den Wettkampf aussehen.

Wie ich bereits angedeutet habe, sollte man nicht mit einem zu dünnen Pferd zum Wettkampf anreisen. Es sollte in gutem Futterzustand sein und genügend Reserven für den Ritt und die damit verbundene Aufregung haben. Wichtig ist, dass das Pferd am Abend vor dem Ritt viel Heu frisst, da dies als Wasserspeicher dient und die Darmtätigkeit so intakt bleibt. Zwei Stunden vor dem Start darf die letzte Kraftfuttergabe erfolgen. Frisches und sauberes Wasser sollte dem Pferd immer zur Verfügung stehen. Bei Ritten bis zu 60 Kilometern an einem Tag ist es nicht notwendig, unterwegs zu füttern. In den Pausen dürfen die Pferde Gras fressen und Sie können ihnen Karotten oder Äpfel geben.

Erfahrungsgemäß trinken die Pferde bis zum ersten Vet-Check nicht. Mit dem Hautfaltentest kann man selbst prüfen, ob der Wasserhaushalt noch in Ordnung ist: Ziehen Sie mit Daumen und Zeigefinger in der Mitte des Halses eine Hautfalte etwa einen Zentimeter in die Höhe. Nach zwei Sekunden sollte diese wieder verschwunden sein. Bleibt sie stehen, spricht man von Dehydration und das Pferd sollte dringend trinken.

Pferde, die Wasser verweigern, kann man eventuell mit eingeweichten Zuckerrübenschnitzeln locken, die süß sind und gern gefressen werden. Bitte verabreichen Sie erst Elektrolyte, wenn Ihr Pferd gesoffen hat, da das Salz dem Körper Wasser entzieht. Das kann bei akutem Wassermangel schlimme Folgen haben. Bei Ritten bis zu 60 Kilometern sollten Elektrolyte je nach Schweißverlust frühestens in der Pause oder am besten nach dem Ritt verabreicht werden. Da meine Pferde während des Rittes Futter mit Zusatzstoffen verschmähen und lieber nichts fressen, verabreiche ich diese mit Apfelmus gemischt mit Maulspritzen, die beim Tierarzt oder in der Apotheke erhältlich sind.

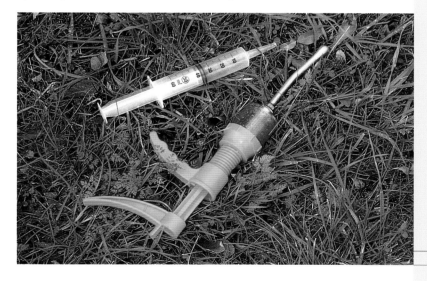

Verschiedene Maulspritzen

Nach dem Ritt bekommen die Pferde Heu oder Gras und Kraftfutter in angemessener Ration, um die Depots wieder aufzufüllen. Auch hier gilt: Geben Sie lieber öfter kleinere Mengen. Zur besseren Regeneration und Fitness kann man vor und nach dem Wettkampf Magnesium und/oder Selen und Vitamin-E-Präparate zufüttern. Wie bereits erwähnt ist auch Öl ein guter Energielieferant.

Der Hufbeschlag

Ein guter Hufschmied
ist Gold wert.

Ein sehr wichtiges und heikles Thema ist der Hufbeschlag. Da er in hohem Maße zur Leistungsfähigkeit und Gesundheit der Pferde beiträgt, ist er von großer Bedeutung. Dies gilt übrigens nicht nur für Distanzpferde, obwohl diese einer besonderen Belastung ausgesetzt sind. Bei den langen Ritten muss der Beschlag allen Anforderungen in unterschiedlichem Gelände standhalten, das gilt auch für die Gangarten Trab und Galopp. Je nach Witterung und Gegend reiten Sie auf schönen Wiesenwegen, aber auch auf harten Feldwegen, Teerstraßen, steinigem Untergrund oder tiefem Waldboden.

Ihr Pferd braucht also einen Beschlag, der den Huf genauso wie die Sehnen und Gelenke schützt und unterstützt. Gefragt ist ein guter und kooperativer Hufschmied, der die Anforderungen des Distanzreitens versteht und dementsprechend arbeitet. Um die Fähigkeiten des Schmiedes beurteilen zu können, ist ein fundiertes Grundlagenwissen des Reiters und Pferdehalters über Hufmechanismus und -beschlag unabdingbar.

Der Hufmechanismus

Obwohl der Huf eine scheinbar feste Form hat, ist er nicht starr. Bei Belastung erweitert er sich im Bereich der Trachtenwände, bei Entlastung nimmt er wieder die ursprüngliche Form an, beginnend an der weitesten Stelle. Durch diesen Mechanismus entstehen Scheuerrinnen auf dem Eisen. Fehlen diese Scheuerrinnen am Hufeisen, ist der Mechanismus gestört. Ein intakter Hufmechanismus verringert die Wucht des Stoßes, der sich auf die Gliedmaßen überträgt, und reduziert die Belastung von Beugesehne und Fesselträger.

Längsschnitt durch den Fuß des Pferdes

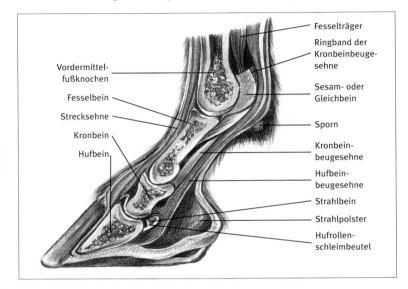

Ein gut ausgebildeter Strahl kann beim Auffußen Kontakt zum Boden herstellen. Die abwechselnde Erweiterung und Verengung des Hufes fördert außerdem die Durchblutung der Lederhaut und somit das Hornwachstum.

Der Huf im Querschnitt

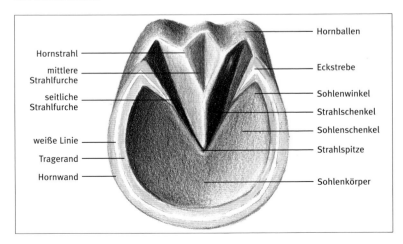

Es gibt verschiedene Arten des Hufschutzes. Die gängigsten sind Kunststoffbeschläge, Klebebeschläge, Hufschuhe und das alt bewährte Eisen. Grundsätzlich muss jeder für sich und sein Pferd individuell die beste Lösung finden, denn jede Beschlagsart hat Vor- und Nachteile. Ich persönlich halte jedoch für den Distanzreitsport das Eisen immer noch für die bewährteste Form. Kunststoffbeschläge können für kürzere Distanzen oder Wanderritte eingesetzt werden, sind jedoch bei anspruchsvollem Geläuf bedenklich.

Zum Schutz der empfindlichen Sohle haben sich Kunststoffeinlagen sehr bewährt, die es in unterschiedlicher Härte gibt. Sie werden zwischen Huf und Eisen genagelt und wirken je nach Materialhärte als Stoßdämpfer. Ich verwende aus diesem Grund Einlagen von Luwex, die sowohl geschlossen, als auch nur in Form des Eisens erhältlich sind und alle Ansprüche erfüllen. Weltweit haben Luwex-Einlagen einen sehr guten Ruf und werden von vielen bekannten Distanzreitern verwendet.

Von Leder rate ich ab, da es sich bei Trockenheit zusammenzieht und bei Nässe ausdehnt. Dadurch beeinträchtigt es den Hufmechanismus.

Bei Verwendung von Einlagen wird viel darüber diskutiert, ob man den Zwischenraum auspolstern soll. Manche Reiter meinen, das Polster würde Druck auf die Sohle ausüben und somit zu Problemen führen, die anderen versprechen sich mehr Schutz und Dämpfung. Ich verwende schon seit Jahren Kunststoffeinlagen mit Silikonpolster und habe bisher noch keine negativen Erfahrungen damit gemacht.

Normaler Eisenbeschlag mit zwei Widia-Stiften und Luwex-Netzplatten mit Luwex-Polster

Ein weiterer Spezialbeschlag, der aus dem Trabrennsport kommt und den mittlerweile einige namhafte Distanzreiter in Deutschland verwenden, sind die P & P Plastics. Das System besteht aus einer Kunststoffplatte, die mit einem um die Schenkel gekürzten Eisen aufgenagelt wird. In dieser Platte ist eine Aussparung vorgesehen, in die genau dieses Halbeisen passt. Sie ist am hinteren Teil dicker, sodass sie mit dem Eisen plan liegt. Besonders bewährt hat sich dieser Beschlag bei Pferden, die sich in die Eisen treten, weil die Platte elastisch ist und wegklappt. Es wird kein Polster verwendet, da Schmutz beim Auftreten wieder herausgeschleudert wird.

Ein Nachteil der Einlagen ist, dass die Sohle durch den permanenten Schutz noch empfindlicher werden kann und der Strahl verkümmert. Bei der Verwendung der geschlossenen Luwex-Platten mit Einlage habe ich jedoch das Gegenteil festgestellt. Innerhalb von vier Wochen und nach etwa 300 Kilometern bildete sich ein gesunder Strahl.

Hufschuhe sind meines Erachtens nicht für Distanzritte geeignet und eher als Notlösungen gedacht. Sie kommen beim Training oder bei Eisenverlust während des Rittes in Frage. Gegen das Barhufreiten ist grundsätzlich nichts einzuwenden, ich halte es jedoch auf Distanzritten nicht für sinnvoll. Man muss bedenken, dass die Hufe einem starken Abrieb ausgesetzt sind und sich sehr abnutzen. Wir verlangen von unseren Pferden Leistung, die sie jedoch nur unter optimalen Umständen und unter anderem mit dem idealen Hufschutz schmerzfrei erbringen können.

Der Hufschuh als Retter in der Not

Schon auf kurzen Ritten konnte ich oft beobachten, wie empfindlich die Pferde auf hartem Boden waren. Sie werden kaum einen Marathonläufer sehen, der barfuß unterwegs ist. Im Gegenteil, die Läufer tragen besondere Schuhe, die Gelenke, Sehnen und Bänder entlasten. Der Hufschutz für unsere Pferde sollte nach dem gleichen Prinzip angebracht werden.

Ein guter Hufschmied passt das Eisen an den Huf an. Das ist besonders wichtig, da sich Wachstum und Form des Hufes nach dem Eisen richten. Das Eisen sollte an der weitesten Stelle etwa einen halben Zentimeter überstehen, damit die Trachten bei der Erweiterung nicht über den Tragrand hinausragen. Um den Hufmechanismus zu unterstützen, kann man die Schenkel des Eisens polieren. Außerdem sollten die Schenkel so weit nach hinten reichen, dass die Trachtenecken gut gedeckt sind. Idealerweise werden sechs Nägel pro Huf verwendet. Beim Beschlag mit Eisen wird immer wieder über die Vor- und Nachteile von Widia-Stiften und Stollen diskutiert. Stollen sollten für Distanzpferde nicht verwendet werden. Die Gleitfähigkeit ist nicht mehr gegeben, weil der Huf beim Aufsetzen abrupt abgebremst wird und somit den Sehnen- und Gelenkapparat sehr belastet. Um meinen Pferden den nötigen Halt auf Asphalt oder nassem Grasboden zu verschaffen, verwende ich zwei Widia-Stifte pro Eisen, die jeweils am Schenkelende eingesetzt werden. Natürlich ist auch hier die Gleitfähigkeit eingeschränkt. Da jedoch ein Wegrutschen sehr gefährlich für Pferd und Reiter werden kann, ziehe ich diese Alternative vor.

Ob man nun Eisen mit zwei Aufzügen auch für die Vorderhufe verwenden sollte, hängt vom Huf ab. Bei wenig Trachten- und vermehrtem Zehenwachstum wird ein Abrollen dadurch begünstigt.

Pferde müssen regelmäßig zum Schmied. Wenn die Beschlagsperioden zu lang sind, wird nicht nur der Hufmechanismus gehemmt, sondern auch Fesselträger und Beugesehne werden unnötig belastet.

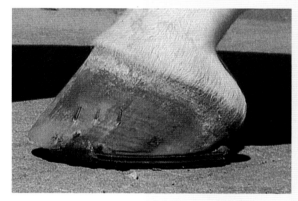

Der Hufschmied hat die Zehe überstehen lassen, um das Abrollen zu erleichtern.

Die richtige Hufpflege

Zum richtigen Beschlag gehört natürlich auch die richtige Pflege, mit dem Ziel, gesunde Hufe zu erhalten und den Hufmechanismus zu fördern. Um diesen Mechanismus in Gang zu bringen und somit das Hufwachstum anzuregen, ist die tägliche Bewegung außerordentlich wichtig. Für ein gesundes Horn sorgt eine ausreichende und ausgewogene Fütterung (siehe Seite 50 ff). Zudem sollten die Hufe täglich mit einem Hufkratzer gereinigt werden, besonders Hornsohle und

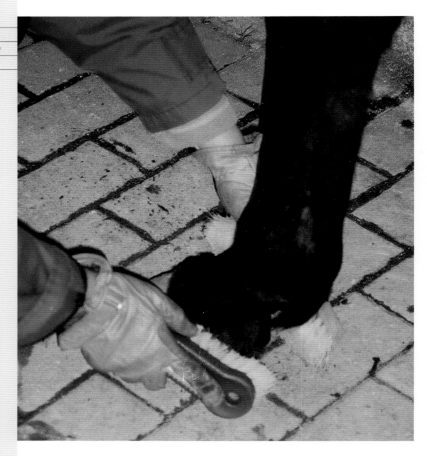

Strahlfurchen. Gleichzeitig muss der Beschlag kontrolliert werden. Voraussetzung für die Elastizität des Horns ist der optimale Feuchtigkeitsgehalt. Die Hufe sind oft zu feucht, wenn ungenügend eingestreut wird und die Pferde im Mist stehen. Daher ist auf gute Einstreu zu achten und regelmäßig auszumisten. Im Sommer sind die Hufe wegen der ausgedörrten Böden meist zu trocken. Auch die Einstreu mit Sägemehl entzieht dem Horn die Feuchtigkeit. Die Hufe sollten dann mit Wasser gereinigt und eingefettet werden, damit die Feuchtigkeit länger erhalten bleibt. Ob Huffett oder Huföl an den Pferdehuf gebracht werden soll, zu diesem Thema gehen die Meinungen weit auseinander. Wenn das Pferd artgerecht gehalten wird, zum Beispiel im Offenstall, und es sowohl trockenen als auch feuchten Boden vorfindet, erübrigt sich das Einfetten. Da ich kein Verfechter der Offenstall-Haltung bin, empfehle ich spezielles Huföl oder Hufbalsam. Beide Mittel schützen das Horn vor Austrocknung und regen durch spezielle Inhaltsstoffe das Wachstum an. Durch eine leichte kreisende Massage der Hufkrone mit zwei weichen Bürsten werden die Durchblutung und somit wiederum das Hornwachstum angeregt.

Das Einmassieren von Lorbeersalbe oder -öl am Kronrand hat den gleichen Effekt und verbessert die Hornqualität.

Das Thema »Huf« ist ziemlich komplex und kann in diesem Buch leider nicht ausführlich erläutert werden. Da der richtige Hufbeschlag eine große Bedeutung hat, sollten Sie sich im Zweifelsfall von einem Fachmann beraten lassen.

Bei extremen Bedingungen in der Wüste wie Hitze und Trockenheit müssen die Hufe unbedingt jeden Tag gewaschen und geölt bzw. gefettet werden.

Die Ausrüstung

Die richtige Ausrüstung kann die Leistungen von Pferd und Reiter positiv beeinflussen.

Zum Distanzreiten benötigt man zwar keine speziellen Ausrüstungsgegenstände. Pferd und Reiter bewältigen aber mit der passenden Ausrüstung lange Strecken wesentlich bequemer. Wenn zum Beispiel der Sattel nicht passt, kann dies Satteldruck und erhebliche Schmerzen verursachen.

Ein schlecht sitzender Sattel kann beim Pferd zu Verspannungen führen und den Bewegungsapparat bis hin zur Lahmheit erheblich behindern.

Bei Zaumzeug, Vorderzeug, Gamaschen usw. sollte darauf geachtet werden, dass dies nicht scheuert. Durch Schweiß, Schmutz und Sand können schnell Scheuerstellen auftreten. Daher sollten Sie neue Ausrüstungsgegenstände zunächst beim Training testen.

Das Gleiche gilt auch für den Reiter, er sollte zum Wettkampf nur erprobte und funktionelle Kleidung tragen und keine Experimente wagen. Es kann sehr unangenehm und auch schmerzhaft werden, wenn eine neue Reithose wund scheuert oder neue Stiefel Blasen verursachen.

Die Ausrüstung des Reiters

Die Kleidung des Reiters sollte in erster Linie bequem und für lange Ritte geeignet sein. Wichtig ist die Funktionalität mit entsprechender Bewegungsfreiheit, weil der Reiter eventuell zur Entlastung des Pferdes kurze Teilstrecken zu Fuß zurücklegt. Da kann schwere Kleidung mit der Zeit unangenehm werden und belasten. Aus diesem Grund sollten Sie leichte Sportbekleidung aus atmungsaktiven und modernen Materialien bevorzugen. Besonders bewährt haben sich Jacken und Shirts aus dem Lauf- und Radsport.

Mittlerweile gibt es auch für Distanzreiter speziell entwickelte Reitleggins, die meist aus Microfasern bestehen. Sie sind am Gesäß und an den Knien leicht gepolstert und deshalb sehr angenehm zu tragen. Diese Leggins erfreuen sich großer Beliebtheit, weil sie elastisch und dadurch sehr bequem sind. Manche Reiter tragen auch normale Laufhosen ohne Polsterung. Ich reite sowohl mit Reitleggins als auch mit Laufhosen.

Reitstiefel sind für das Distanzreiten eher ungeeignet. Dagegen werden alle Arten von Sportschuhen getragen, am häufigsten aber Wander- oder Treckingstiefel. Sie haben folgende Vorteile: eine Stoßdämpfung des griffigen Sohlenprofils und der ausgezeichnete Halt. Meist verfügen sie über ein exzellentes Fußbett und bieten optimalen Nässeschutz. Da Distanzreiter die meiste Zeit im Steigbügel stehen, werden die Fußsohlen je nach Breite des Steigbügels besonders stark belastet. Mit Wander- und Treckingstiefen, die eine dicke Sohle haben, können die Füße dieser Belastung standhalten. Der Druck wird besser verteilt. Einige Modelle sind sogar mit einer speziellen Stoßdämpfung

Reitleggins, Trecking-
stiefel und ein Shirt aus
Microfasern – diese Be-
kleidung sieht nicht nur
gut aus, sondern ist
auch ideal für das
Distanzreiten.

ausgestattet. Die von manchen Reitern bevorzugten Turnschuhe sind
in der Regel leichter als Wander- oder Treckingstiefel und eignen sich
besser, wenn man größere Strecken mitlaufen möchte. Durch den
fehlenden Absatz muss der Reiter jedoch aus Sicherheitsgründen
geschlossene Steigbügel verwenden. Ich habe beide Varianten aus-
probiert und trage wegen des besseren Haltes und der besseren Stoßdämpfung Wanderstiefel.

*Die Ausrüstung sollte
auch zum Laufen
geeignet sein.*

Der Reithelm ist auf Distanzritten Vorschrift und sollte auch beim Trai-
ning getragen werden. Er schützt den Kopf nicht nur im Falle eines
Sturzes, sondern auch vor Ästen. Mittlerweile können Sie spezielle
Distanzhelme kaufen, die leicht und bequem zu tragen sind. Manche
Modelle sind sogar mit einer Helmlampe ausgestattet, um dem Reiter
bei Dunkelheit bessere Sicht zu verschaffen. Von der Verwendung von
Fahrradhelmen ist abzuraten, da sie bei Reitveranstaltungen nicht als
offizieller Kopfschutz gelten.
Alles in allem sollte die Kleidung des Reiters bequem und bereits
erprobt sein. Distanzreiter unterliegen zwar nur auf FEI-Ritten einer
Kleiderordnung, Sie sollten aber trotzdem stets auf sauberes und
ordentliches Erscheinen achten.

Nur mit einem perfekt
sitzenden Sattel können
Pferd und Reiter lange
Ritte ohne Druck-
und Scheuerstellen
bewältigen.

Die Ausrüstung für das Pferd

Der richtige Sattel

Da der Sattel wesentlich zur Leistungsbereitschaft von Pferd und Reiter beiträgt, sollte man sehr darauf achten, dass er auch beiden passt. Wenn ein gut sitzender Sattel dem Reiter Probleme bereitet und sogar Schmerzen verursacht, wird dieser auch sein Pferd einseitig und falsch belasten, was zu Druckstellen führen kann.

Mir selbst ist es so ergangen. Ich bin die ersten Jahre auf einem Westernsattel geritten, der meinem Pferd hervorragend passte. Dagegen hatte ich Probleme mit meinen Knien und Scheuerstellen an den Beinen, später bekam ich auch noch Rückenschmerzen. Da mir ein erfahrener Distanzreiter damals einen McChellan-Sattel empfohlen hatte, brachte ich einen Sattel dieser Marke von einem Urlaub aus den USA

Links:
*Einer der beliebtesten
Distanzsättel ist der
ROC, hier abgebildet
mit breiten Kunststoff-
bügeln und gepols-
terten Fendern.*

Rechts:
*Ein Model von Gaston
Mercier aus Frankreich*

mit. Der Versuch schlug leider fehl, denn auch dieser Sattel verursachte Druckstellen an den Knien. Zum Glück kam zwischenzeitlich ein neuer Distanzsattel, der German Podium, jetzt ROC, auf den Markt, den ich mittlerweile schon seit Jahren mit Erfolg und überwiegend schmerzfrei benutze.

Es gibt verschiedene Satteltypen, vom englischen Sattel über den Westernsattel oder alten Militärsattel bis hin zum Distanzsattel. Folgende Kriterien sind aber bei allen Sätteln zu beachten:

Je länger man im Sattel sitzt, desto größer sollte die Auflage sein.

Der Sattel sollte variabel sein und bei Veränderung der Muskulatur immer wieder neu angepasst werden können.

Eine ausgiegige Sattelprobe ist Voraussetzung für den erfolgreichen Sattelkauf.

Unpassende Sättel können nicht durch diverse Satteldecken oder Pads ausgeglichen werden.

Der Sattel muss ohne Decke gleichmäßig aufliegen und darf nicht kippen.

Die Schulter darf in ihrer Bewegung nicht eingeschränkt werden.

Zwischen Widerrist und Sattel sollte idealerweise etwa 5 bis 7 Zentimeter Platz sein.

Die Trachten dürfen bei Biegungen nicht in die Hüfte drücken.

Der Sattel darf keinen Druck auf die Dornfortsätze ausüben.

Zu lange und steife Skirts können an den Kanten scheuern.

Der Sattel muss genau über dem Punkt des natürlichen Gleichgewichts des Pferdes liegen.

Die Steigbügelaufhängung sollte den Schwebesitz ermöglichen.

Die Qualität des Sattels sollte beim Kauf berücksichtigt werden.

Der Sattel muss immer wieder sorgfältig angepasst werden.

Der Pferderücken darf nur in einem schmalen Bereich belastet werden. Dieser beginnt hinter dem Schulterblatt und reicht bis zur Lendenzacke, wo der Rücken zur Kruppe hin ansteigt.

Einsteiger in den Distanzreitsport müssen sich nicht sofort einen neuen Sattel zulegen. Generell muss er jedoch passen. Da sich mit zunehmendem Training auch die Muskulatur des Pferdes verändert, sollten Sie die Passform regelmäßig überprüfen. Durch das Abtasten des Pferderückens auf empfindliche Stellen können Sie sehr leicht selbst feststellen, ob und wo es schmerzt. Außerdem sollte man die Sattellage nach dem Reiten auf trockene, haarlose Stellen sowie Schwellungen untersuchen. All dies sind Zeichen eines schlecht sitzenden Sattels, der dem Pferd unnötig Schmerzen verursacht und es hemmt, locker zu laufen und somit die Leistung stark beeinträchtigt.

Zunächst muss geprüft werden, ob der Sattelbaum passt.

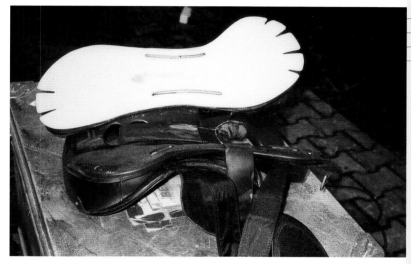

Ein modulares System macht es möglich, den Sattel immer wieder neu anzupassen.

Die Satteldecke des ROC wird je nach Rücken mit Equilizer Schaum gefüllt. Dieses besondere Material verteilt den Druck optimal auf dem Pferderücken.

Außerdem sollten Sie auch unbedingt auf das Verhalten des Pferdes achten. Folgende Verhaltensarten können Anzeichen für Satteldruck sein:

Das Pferd fängt an zu stolpern.

Die Schrittlänge verkürzt sich.

Bei einer extrem hohen Kopfhaltung drückt das Pferd den Rücken weg, um Schmerzen zu vermeiden.

Eine ungewöhnlich tiefe Haltung kann bedeuten, dass der Sattel auf den Widerrist drückt.

Sie sollten schnellstmöglich Ihren Sattler kommen lassen oder sich sogar zum Kauf eines anderen Sattels entschließen, da Sie Ihrem Tier sonst Schmerzen bereiten.

Steigbügelriemen und Fender

Der Steigbügelriemen sollte flach und am besten breit sein, damit er nicht drückt oder reibt.
Die Fender schützen das Bein des Reiters vor Schweiß, Schmutz und schmerzhaften Scheuer- oder Druckstellen. Der Sattelhersteller ROC bietet sogar gepolsterte Fender an.

Steigbügel

Die Fußsohlen werden beim Distanzreiten stark belastet. Damit der Druck besser verteilt wird, sollten die Steigbügel idealerweise eine breite Auflage haben.
Kunststoffbügel haben einen enormen Gewichtsvorteil, außerdem federn sie leicht mit, was beim Trab die Stoßbelastung auf die Gelenke etwas verringert. Ist die Trittfläche zu schmal, wie das zum Beispiel bei den englischen Steigbügeln der Fall ist, kann es schneller zu Durchblutungsstörungen kommen und die Fußsohlen des Reiters werden pelzig und schmerzen. Wenn Sie Schuhe ohne Absätze tragen, müssen die Bügel vorn geschlossen sein, um ein Durchrutschen zu verhindern. Es gibt auch Kunststoffbügel mit Körbchen oder Camarquebügel aus Metall, die jedoch etwas schwerer sind.

Verschiedene Zäumungen

Links:
Geschlossene
Steigbügel

Rechts:
Steigbügel mit
großer Auflage

Das Zaumzeug sollte leicht und funktionell sein. Als Alternative zum herkömmlichen Lederhalfter hat sich Zubehör aus Biothane, das es in verschiedenen Farben gibt, sehr bewährt. Biothane ist ein mit Kunststoff (Polyurethan) überzogener Nylongurt, er ist äußerst strapazierfähig und trotzdem sehr leicht. Außerdem nimmt es keinen Schweiß auf und wird einfach mit Wasser gereinigt. Biothane ist ein hochwertiges Material, das praktisch nicht verwittert. Auch für die Pferde ist es angenehm, ich habe bei meinen Tieren noch nie Probleme mit Scheuerstellen gehabt.

Sehr hilfreich und auch praktisch ist es, wenn sich das Gebiss und die Zügel mit kleinen Karabinern ausschnallen lassen. Somit spart man ein Stallhalfter und kann bei Bedarf schnell ein anderes Gebiss einschnallen.

Generell sollten Sie die Zäumung wählen, mit der Sie Ihr Pferd am besten kontrollieren können. Auf den ersten Kilometern sind die Pferde erfahrungsgemäß meist temperamentvoll, das sollte bei der Auswahl bedacht werden. Hat sich Ihr Vierbeiner dann beruhigt, können Sie unterwegs auf eine leichtere Zäumung umsteigen.

Das Zaumzeug aus Biothane ist praktisch und strapazierfähig.

Welche Zäumung man verwendet, hängt vom Pferd ab. Scharfe Gebisse mit langen Schenkeln stellen eine Behinderung beim Fressen oder Saufen dar. Außerdem kann unsensibler Umgang mit einem scharfen Gebiss zu Verletzungen im Maul des Pferdes führen. Bei der Wahl sollten Sie auch bedenken, dass schwere Gebisse auf langen Strecken eher eine Belastung für das Pferd bedeuten. Gebisslose Zäumungen, wie zum Beispiel Hackamore, wären ideal, jedoch lässt sich nicht jedes Pferd damit reiten.

Biothane – Halfter in Kombination mit Hackamore

Eine die Atmung beengende Zäumung ist laut Reglement verboten und das zu Recht, denn die Pferde benötigen dringend ausreichend Sauerstoff. Daher sollte man bei Verwendung einer mechanischen Hackamore darauf achten, dass der Nasenriemen auf dem knochigen Teil des Nasenrückens liegt. Auch das Hannoversche Halfter kann die Atmung gefährden und ist meines Erachtens nicht für das Distanzreiten geeignet. Beim Englischen Reithalfter engt der Pullriemen beim Fressen und Saufen ein, deswegen sollte man während eines Distanzrittes auf ihn verzichten.

Weiteres Zubehör

Je nach Ritt und Pferd reichen Sattel und Trense allein nicht aus. Manche Pferde sind mit Martingal, das jedoch nur locker verschnallt werden darf, besser kontrollierbar.

Da auch der perfekte Sattel bei bergigen Passagen nach hinten rutschen kann, ist ein Vorderzeug sehr nützlich. Am besten eignen sich V-Vorderzeuge, die die Schulter freihalten und somit die Bewegung nicht einschränken. Um Scheuerstellen vorzubeugen, kann man Lammfell- oder Kodelschoner verwenden.

V-Vorderzeug aus Biothane mit Kodelschonern

Gamaschen als leichte Sehnenschoner sind empfehlenswert. Da die Pferde zu Beginn des Ritts bis zum ersten Vet-Check meist sehr temperamentvoll sind, ist die Verletzungsgefahr durch einen unkontrollierten Tritt groß. Für Pferde, die sich an den Beinen streifen, sind Gamaschen fast schon ein Muss. Da diese aber bei zu eng geschnallten Schonern Durchblutungsstörungen hervorrufen können, sollten Sie bei der Auswahl sehr sorgfältig vorgehen. Ich habe gute Erfahrungen mit Neopren gemacht. Die Gamaschen müssen allerdings in jeder Pause gründlich gereinigt werden, denn unter ihnen sammelt sich oft Schmutz an. Besonders empfindlichen Pferden lege ich zum Start Gamaschen an und nehme sie nach dem ersten Vet-Check wieder ab.

Pferdedecken

Pferdedecken gehören zu den wichtigen Utensilien, die auf keinem Ritt fehlen dürfen. Distanzpferde müssen Leistung bringen, daher sollten sie nie frieren.

Die Unterbringung bei einem Wettkampf erfolgt selten in Boxen. Die Pferde übernachten meist im Freien auf einem Paddock. Eine warme und wasserdichte Decke ist deshalb dringend zu empfehlen. Meiner Meinung nach sollten auch Tiere, die im Offenstall gehalten werden, zumindest in der Nacht vor dem Ritt eingedeckt werden. Die Muskulatur und der gesamte Organismus müssen vorgewärmt werden. Frierende Pferde verwenden viel Energie, um sich aufzuwärmen. Diese Kraft benötigen sie aber für den bevorstehenden Ritt. Kein Marathonläufer würde sich vor einem Wettkampf in den Regen stellen.

Die Decke sollte die richtige Größe für das Pferd haben und nicht zu kurz sein, sodass die gesamte Hinterhandmuskulatur bedeckt ist. Sie darf auch an der Schulter nicht zu weit ausgeschnitten sein, damit keine Wärme verloren geht. Durch Beinschnüre und Kreuzgurte wird ein Verrutschen verhindert. Abschwitzdecken aus Fleece dürfen außerdem nicht fehlen und sollten in jeder Ausrüstung mindestens zweimal für jedes Pferd vorhanden sein. Sie ermöglichen ein rasches Abtrocknen des Felles, da der Schweiß direkt von innen nach außen getragen wird. Wolldecken sind als Abschwitzdecken eher ungeeignet. Mittlerweile gibt es jedoch Dolandecken, unter denen die Pferde wunderbar trocknen und zugleich warm bleiben. Die Fliegendecke soll – wie schon der Name verrät – die Fliegen abhalten. Sie kann im Sommer bei warmen Temperaturen auch vor leichtem Wind schützen.

*Diese Regendecke
sitzt optimal.*

Wartung und Pflege

Die Wartung und Pflege der Ausrüstung ist nicht nur wegen des äußeren Erscheinungsbildes sehr wichtig, sondern auch, um Schwachstellen rechtzeitig zu erkennen. Poröse und angerissene Riemen oder defekte Karabiner können Pferd und Reiter sehr schnell in unangenehme und gefährliche Situationen bringen. Reinigen und pflegen Sie deshalb Ihre Reitutensilien regelmäßig. Das verlängert ihre Lebensdauer. Auch Ihr Pferd wird sich mit einer sauberen Satteldecke wohler fühlen, als mit einer verschwitzten. Ein schmutziger Sattelgurt kann außerdem leicht zu offenen Stellen führen.

Denken Sie immer daran, dass auch gepflegte Gegenstände kaputt gehen können. Deshalb ist es ratsam, die wichtigsten Ersatzteile stets dabei zu haben.

Die Crew

Die Betreuung durch eine gute Crew hat wesentlichen Einfluss auf das Wohlbefinden von Pferd und Reiter und somit auch auf den Rittverlauf. Dabei kommt es nicht auf die Anzahl der Personen an, vielmehr ist eine gute Organisation ausschlaggebend. Es gilt, den Reiter vor, während und nach dem Ritt zu entlasten, zu unterstützen und zu versorgen, damit er sich auf sein Pferd und den Wettkampf konzentrieren kann.

Vor dem Wettkampf muss genau besprochen werden, wann und wie das Pferd versorgt werden soll. Natürlich wird auch der Reiter je nach Wunsch mit Essen und Getränken verpflegt. Die Crew darf nur öffentliche Wege befahren, keinesfalls jedoch die Reitstrecke. Nur in Ausnahmefällen wird dies vom Veranstalter genehmigt. Auf der Strecke sollte sich die Crew in sinnvollen Abständen und wenn ein verkehrssicheres Parken des Fahrzeuges möglich ist, um Pferd und Reiter kümmern. Manchmal werden auch Crew-Punkte vom Veranstalter vorgeschrieben, an die sich die Betreuer halten müssen. Je nach Witterung können Sie Ihr Pferd mit Wasser aus Plastikflaschen am Hals abkühlen. Dabei darf kein Wasser über die große Muskulatur der Hinterhand gegossen werden. Sie sollten dem Pferd auch Wasser zum Trinken anbieten. Außerdem wird sich der Reiter sicherlich über ein kühles Getränk wie Apfelschorle oder Wasser und einen kleinen Snack freuen.

Auf der Strecke hält die Crew Wasser für das Pferd zum Trinken und zum Kühlen bereit.

Ein guter Groom hat in den Vet-Gates und Vet-Checks schon alles parat. Gleich nach Ankunft des Reiters sollte dem Pferd eine Decke über die Kruppe gelegt werden. Wasserflaschen zur Abkühlung des Pferdes und ein Eimer Wasser zum Tränken müssen bereitstehen, außerdem ein Eimer mit Schwamm zum Abwaschen. Wiederum darf das Pferd nur am Hals und an den Beinen gekühlt werden. Ferner sollte die Crew bereits vorher die Verhältnisse vor Ort überprüfen und Antworten auf folgende Fragen parat haben: Wo wird die Eingangszeit vermerkt? Wo ist die Pulskontrolle? Wo befindet sich der Pausenplatz? Wenn noch kein Pulsmesser vorhanden ist, sollte auch ein Stethoskop greifbar sein, um nicht unnötig Zeit zu verschwenden.

Während eines harten und anstrengenden Rittes ist eine Massage in der Pause genau das Richtige zum Entspannen.

... und das alles kommmt ins Trossfahrzeug

Die Betreuer sind auch für die moralische Unterstützung des Reiters verantwortlich. Wenn der Reiter müde wird, können sie ihn wieder motivieren und aufmuntern. Trotz der Anspannung im Wettkampf sollten sie immer mit sportlichem Ehrgeiz und Fairness miteinander umgehen.

Folgende Dinge finden Sie in einem guten Trossfahrzeug:

_____ mehrere Eimer zum Tränken und Waschen
_____ Schwämme
_____ genügend Decken, je nach Witterung
_____ Stethoskop, falls der Pulsmesser versagt oder nicht vorhanden ist
_____ Futter und Trog
_____ Äpfel und Karotten
_____ Wasserkanister, gefüllt
_____ Wasserflaschen, gefüllt
_____ Kleidung zum Wechseln für den Reiter
_____ Getränke und Snacks für den Reiter
_____ Magnesium für den Reiter
_____ Klappstuhl für den Reiter in der Pause
_____ eventuell Ersatzsattel und Zaumzeug
_____ Ersatzzügel
_____ Beschlagwerkzeug
_____ Putzzeug und Hufkratzer
_____ Kühlgamaschen

Vorbereitung
auf den ersten Ritt

Distanzreiten bedeutet Spaß für Pferd und Reiter.

Suchen Sie Ihren ersten Ritt sorgfältig aus und bereiten Sie sich gut vor, damit Sie entspannt und ohne Stress an den Start gehen können.

Die Auswahl des Wettbewerbes

Um einen Distanzritt auswählen zu können, sollten Sie sich die Termin-liste aller Veranstaltungen in Deutschland besorgen. Diese Liste erhal-ten Sie entweder beim Verein Deutscher Distanzreiter e.V. in Hattingen oder durch das Internet. Die Adressen finden Sie im Anhang. In der ver-einseigenen Zeitschrift »Distanz aktuell«, die jeden zweiten Monat erscheint, werden außerdem alle Termine von Veranstaltungen veröf-fentlicht. Mittlerweile findet man auch in einigen anderen Pferdezeit-schriften Termine von Distanzritten.

Wenn Ihr Pferd noch kein versierter Hängerfahrer ist, sollten Sie am Anfang einen Ritt in der näheren Umgebung aussuchen.

Die Ritte werden je nach Streckenlänge in verschiedene Kategorien eingeteilt. Danach richtet sich auch gemäß Reglement das jeweilige Mindestalter der Pferde.

Kategorie	Abkürzung	Eintagesritte	Mehrtagesritte	Mindestalter Pferd
Einführungsritt	EFR	bis 39 km		5 Jahre
Kurze Distanzritte	KDR	40 bis 59 km		5 Jahre
Mittlere Distanzritte	MDR	60 bis 79 km		6 Jahre
Lange Distanzritte	LDR	80 bis 160 km	ab 60 km/Tag	7 Jahre

Einführungsritte

Diese Veranstaltungen sind für Einsteiger gedacht und eignen sich ideal für den Anfang. Durch die Einteilung der Ergebnisse in drei Leistungsklassen anstatt nach Platzierung soll eine entspannte und lockere Atmosphäre ohne Konkurrenzdenken geschaffen werden. So kann jeder ohne großen Leistungsdruck ein Gefühl für sich, sein Pferd und die Streckenlänge entwickeln. Auch viele erfahrene Reiter nutzen Einführungsritte, um junge Pferde langsam an den Wettkampf und die Strecke zu gewöhnen.

Besonders zu empfehlen sind Veranstaltungen, die mit einem Seminar kombiniert sind. Die neu erworbenen theoretischen Kenntnisse kön-nen dann sofort in die Praxis umgesetzt werden.

Kurze Distanzritte

Bei Ritten ab 40 Kilometern Länge findet eine Siegerehrung mit Platzierung statt. Aber auch diese Streckenlänge eignet sich noch für Anfänger und könnte nach einem Einführungsritt folgen.

Mittlere Distanzritte

Eine Streckenlänge ab 60 Kilometern erfordert meines Erachtens mehr Erfahrung von Pferd und auch Reiter und sollte nicht der erste Ritt für einen Anfänger sein. Das Mindestalter für Pferde wurde nicht umsonst auf sechs Jahre festgelegt.

Lange Distanzritte

Zu FEI-Ritten reisen die Teilnehmer manchmal aus der ganzen Welt an.

Zwischen 80 und 160 Kilometer legen die Langstreckenreiter zurück. Allerdings bauen sie ihre Pferde über mehrere Jahre systematisch auf. Jeder Einsteiger sollte erst Erfahrungen auf kurzen bis mittleren Dis-

tanzritten sammeln, bevor er sich auf die lange Strecke wagt. Meist bieten die Veranstalter Ritte über 80, 120 und 160 Kilometer an. Große Meisterschaften wie die Deutsche Meisterschaft, die Europa- oder Weltmeisterschaft werden an einem Tag ausgetragen. Die Länge der Strecke beträgt 160 Kilometer.

Mehrtagesritte

Mehrtagesritte erfreuen sich großer Beliebtheit und werden ab 60 bis zu 100 Kilometer pro Tag durchgeführt. Diese Ritte sind eine besondere Herausforderung an Pferd, Reiter und die gesamte Ausrüstung und werden in Deutschland oft als Kartenritte veranstaltet. Hier steht meist die Kameradschaft unter den Teilnehmern im Vordergrund, weniger der sportliche Ehrgeiz.

Markiert oder nicht

Ein weiteres Auswahlkriterium sollte sein, ob die Strecke markiert ist oder ob die Teilnehmer nach Karte reiten. Anfängern würde ich empfehlen, bei einem markierten Ritt zu starten. Zweifelsohne haben aber auch Kartenritte ihren Reiz.

Anmeldung zum Ritt

Die Ausschreibung

Haben Sie sich nun für eine Veranstaltung entschieden, fordern Sie beim Veranstalter die Ausschreibung an (siehe folgende Seite):

1. Letzte Möglichkeit die Nennung abzusenden. Manchmal lässt der Veranstalter Nachnennungen zu, die jedoch meist mit einer Zusatzgebühr verbunden sind.

2. Hier könnten mehrere Wettbewerbe mit unterschiedlicher Streckenlänge eingetragen sein.

3. Das Nenngeld wird am besten per Verrechnungsscheck mit der Nennung mitgeschickt.

4. Das Mindestalter für Reiter beträgt meist 14 Jahre.

5. Viele Ritte sind auf 30 Teilnehmer begrenzt, deshalb können Sie trotz pünktlicher Anmeldung eine Absage bekommen. Aus diesem Grund ist zeitiges Nennen zu empfehlen.

Ausschreibung zum Wettbewerb: __1. Muster Distanzritt__

Art des Wettbewerbes: Einführungsritt /X-Fahrt: __32__   Distanzritt / -Fahrt __--__

Veranstalter: Organisatorische Leitung: Nennungen an:

Name: __Anke Muster__   __dto.__   __dto.__

Straße: __Am Vetgate 3__

Ort: __04711 Musterhausen__

Tel.: _____ / _____   _____ / _____   _____ / _____

1 Nennungsschluß: __13__ __05__ __2001__ (Datum d. Postst.) Nachnennungen zugelassen ja __X__; nein___; Zusatzgebühr __15,-__ DM

2

	Art des Wettbewerbes	Datum der Veranst.	Strecken-länge km	Nenngeld fällig mit Nennung	Startgeld fällig bei Startmeldung	Zulässige Höchstzeit in Minuten	Erlaubte Zeit in Minuten	Mindestalter Pferd Jahre	Mindestalter Reiter Jahre	Teilnehmer min.	Teilnehmer max.
A	EFR	19.05.	32	18,-	20,-	256	---	5	14	15	30
B				2,-							
C				LK-Gebühr				**4**		**5**	
D				**3**							
E											

Wettbewerb(e)   nach Streckenkarte _____ **6** auf markierten Wegen __X__ Art der Markierung _____

z. B. Flatterbänder, Richtungspfeile usw. __Kalk__

Wertung:

7

	nach Zeit in Sek.	nach Zeit in Min.	und Puls	fehlerfrei bis	fehlerfrei bis	Puls-Mess. erfolgen bei Einlauf Vet.-Check sofort u. nach	in Pausen sofort nach	im Ziel sofort und nach	Wertung Einzel	Wertung Gruppen	bei Leistungsgruppen LG 1 bis min	LG 2 bis min	LG 3 bis min	LG 4 bis min
A		x				20 Min.	20 Min.	20 Min.	x		176	211	256	---
B							Min.	Min.	Min.					
C							Min.	Min.	Min.					
D							Min.	Min.	Min.					
E							Min.	Min.	Min.					

(**8**, **9** mark column group headers)

10 Fehler:
Strafpunkte für das Auslassen natürlicher Geländehindernisse: ja _____ nein __X__; Höhe der Strafpunkte_____

Strafpunkte für Sonderprüfungen; Art der Prüfungen: __---__

Sonderwertungen, z. B. Konditionspreis, Klein-/Großpferde, Rassen, Stockmaß usw. __---__

11 Startart: Massenstart _____; gleitender Start _____; Gruppenstart __X__, max. __3__ Teilnehmer pro Gruppe; Einzelstart __X__;

VDD Goldschleife ja _____; Ehrenpreise: __Stallplaketten für alle Teilnehmer in der Wertung__

12 Ausrüstung:
Ausrüstungsauflagen für Pferde: __beliebig, jedoch verkehrssicher, gemäß VDD-Reglement!__

__Es besteht Helmpflicht für alle Reiter.__

6. Hier erfahren Sie, ob dies ein Kartenritt oder ein markierter Ritt ist.

7. Bei einem Ritt mit Platzierung kann die Zeitnahme sehr entscheidend sein. Bei Sekundenwertung hat das erste Pferd im Zieleinlauf gewonnen, bei Minutenwertung werden volle Minuten gezählt, somit ist ein Finish nicht unbedingt entscheidend. Es können also mehrere Reiter denselben Platz belegen.

8. Je nach Veranstalter erfolgt die Pulsmessung national generell innerhalb oder nach 20 Minuten.

9. Die Einteilung in Leistungsgruppen erfolgt überwiegend bei Einführungsritten.

Tierschutz: Voruntersuchung: Datum _18_ . _05_ . _2001_ _____ Zeit ab _18_ _00_ Uhr bis _____ . _____ Uhr

oder Datum _19_ . _05_ . _2001_ _____ Zeit ab _7_ _00_ Uhr bis _8_ . _30_ Uhr

(Jedoch spätestens 30 Minuten vor dem Start; nach Startreihenfolge)

Anzahl der Pausen: _____; _____ Min. b. km _____; _____ Min. b. km _____; _____ Min. b. km _____; _____ Min. b. km _____;

2 Vet-Checks _____ Min. b. km _____; _____ Min. b. km _____; _____ Min. b. km _____; _____ Min. b. km _____;

Puls-Grenzwerte (Mindestanforderung): Puls = _64_ ; nach _20_ Minuten. **13**

Laufwerte (Mindestforderung): Puls = _72_ ; innerhalb von _10_ Minuten. **14**

Puls = _64_ ; innerhalb von _20_ Minuten.

Nachuntersuchung: 2 Stunden nach Zieleinlauf _X_ ; für Wettbewerbe ab 80 km (frühestens 30 Min. nach Zielankunft) _____ ab _____ . _____ Uhr.

Streckenbeschreibung: Name und Nummer der 1:50 000 _L 7528 Musterhausen_

topographischen Karten 1:25 000 _____

Die gleiche Strecke ist einmal ☒ mehrmals ☐ zu absolvieren. Falls mehrmals: _____ mal.

Geläuf ca. _2_ km Asphalt, Beton o. ä.; ca. _10_ km befestigte Wege; ca. _20_ km unbefestigte Wege

Hufbeschlag (oder ähnliches): vorgeschrieben _____; erforderlich _____; empfohlen _X_ ; nicht erforderlich _____;

Organisation:

Vorbesprechung: Datum _19_ . _05_ . _2001_ ; Ort: _Musterhausen_ ; _8_ . _30_ Uhr

Startort: _Reitanlage in Musterhausen_

Zielort: _Reitanlage in Musterhausen_

	ab Uhr 1. Gruppe	ab Uhr 2. Gruppe	Startzeiten: ab Uhr 3. Gruppe	ab Uhr 4. Gruppe	ab Uhr 5. Gruppe	Siegerehrung: Datum:	Uhrzeit:
A	9:00	alle 3 Minuten				19.05.01	ca. 18:00
B							
C							
D							
E							

Pferdeunterbringung: Box _X_ DM _20_ ; Ständer ____ DM ____; Weide _X_ DM _10_ ; Hafer ____, Heu ____, Stroh ____ wird gest.
Die Pferdeunterbringung erfolgt in verschiedenen Ställen; die Kosten für Streu und Futter sind mit den jeweiligen Besitzern der

Stallanlagen zu vereinbaren _X_ ;

Schiedsgericht: _____

15

Tierarzt, Veranstalter, 1 Reiter

Erstveranstalter entsprechend Reglement: ja _X_ ; nein _____;

Die Teilnahme erfolgt auf eigenes Risiko. Die Teilnehmer tragen die volle Verantwortung für die Gesundheit ihrer Pferde und erklären mit der Abgabe der Nennung, daß sie eine gültige Tierhalterhaftpflichtversicherung für ihr Pferd abgeschlossen haben und den Veranstalter von allen Ansprüchen aus dem Ritt- bzw. Fahrgeschehen oder der Unterbringung freihalten. Für jeden Wettbewerb gilt immer die neueste Form des VDD-Reglements. Der Veranstalter muß gegebenenfalls die Ausschreibung entsprechend anpassen.
Für die Beantragung des Wettbewerbes und für die Veröffentlichung/Versendung darf nur dieses Formblatt benutzt werden. Zusätzliche Erläuterungen/Beschreibungen sind zulässig. Außer dem üblichen Futter dürfen den Pferden keine anderen Substanzen gegeben werden. Salz, Zucker, Mineralstoffe, Elektrolyte und Vitamine können oral verabreicht werden. Als Pflegemittel ist ausschließlich Wasser erlaubt. Desweiteren siehe Reglement! Zugelassen sind alle Pferde, soweit sie nicht innerhalb der letzten 10 Tage auf einer VDD-genehmigten Veranstaltung aus der Wertung genommen wurden oder einer Sperre durch ein Organ des VDD unterliegen, sowie alle Teilnehmer entsprechend dieser Ausschreibung, soweit sie nicht einer Sperre durch ein Organ des VDD und/oder einer LK unterliegen.

Ort/Datum _Musterhausen 07.02.2001_ Der Veranstalter _____

Regionalbeauf-
tragter des VDD _____

Landeskom-
mission _____

Genehmigungs-
nummer: _____

Raum für individuelle Angaben des Veranstalters:

10. Strafpunkte gibt es selten.

11. Ein Massenstart erfolgt meist erst ab 60 Kilometern Länge. Gleitender Start bedeutet, dass nach einem bestimmten Zeitabstand immer ein Teilnehmer startet, manchmal auch eine Gruppe.

12. Der Veranstalter hat die Möglichkeit, individuelle aber zulässige Ausrüstungsgegenstände vorzuschreiben.

13. Hier wird der Pulswert eingetragen, den das Pferd innerhalb der vorgeschriebenen Zeit, hier 20 Minuten, bei jeder Pulskontrolle erreicht haben muss.

14. Dieser Pulswert ist maßgebend bei unangekündigten Kontrollen.

15. Das Schiedsgericht wird vor dem Start festgelegt und die entsprechende Liste mit den Namen sollte an der Meldestelle aushängen.

Die Nennung

Um sich zum Ritt anzumelden, füllen Sie das Nennungsformular, das auch über den VDD erhältlich ist, wie folgt aus:

NENNUNG

Für Distanzritt/-Fahrt	1. Muster Distanzritt		
Prüfung	EFR	,am 19.05.01 ,**Strecke**	32 **km**

Reiter/	Name	Max Schimmel	Alter	25
Fahrer	Straße	An der Koppel 1	VDD Mitgliedsnr.	0815
	Ort	04811 Musterhagen	Telefon	0800-0000

Pferd	Name	Blitz	Jahrgang	1995
	Rasse	Vollblutaraber	Farbe	braun
	Geschlecht	Wallach	Stockmaß	1,54 m

Pferde-	Name	dto.	Telefon	
besitzer	Straße		Ort	

Ich bitte um Übersendung einer Ergebnisliste[4)] [x] ja [ ] nein

Quartierbestellung für Pferde[2)]

Gewünscht wird	Box im Stall für _____ Pferde	Ankunft am: 18.05.01 ; 18:00 Uhr
	Ständer im Stall für _____ Pferde	Abfahrt am: 19.05.01 ; 19:00 Uhr
	Weideplatz für 1 Pferde	

Nenngeld	20,- DM	**Tierhalter-Haftpflicht-Versicherung**	
Startgeld	DM	Institut: Pferdeversicherung	
Stallgeld	DM	Nr: 1111	
Sonstiges	DM		
	DM	20,- Scheck liegt bei[1)]	

Mit nachfolgender Unterschrift erkenne ich § 180 LPO, die allgemeinen Bestimmungen sowie die Rechtsordnung der LPO in der derzeit gültigen Fassung sowie das Reglement des VDD für Distanzritte/-fahrten und die Bestimmungen der Ausschreibung ausdrücklich an. Mir ist bekannt, daß Verstöße gegen das Reglement des Vereins Deutscher Distanzreiter und -fahrer e.V. oder gegen die LPO mit Ordnungsmaßnahmen geahndet werden können. Der Teilnehmer reitet / fährt auf eigene Verantwortung; jeglicher Rückgriff auf den Veranstalter, seine Mitarbeiter und Helfer ist ausgeschlossen.

Die tierärztlichen Untersuchungen sind keine Garantie für die Gesunderhaltung des Pferdes. Sie entheben den Teilnehmer nicht von der alleinigen Verantwortung für sein Pferd.

Das genannte Pferd ist zur Zeit des Distanzrittes / der Fahrt haftpflichtversichert (siehe oben).

Der Nenner	Musterhagen	08.05.01	
	Ort	Datum	Unterschrift 3)

Der Reiter/	Musterhagen	08.05.01	
Fahrer	Ort	Datum	Unterschrift 3)

Platz für Vermerke des Veranstalters

1) Nichtzutreffendes bitte streichen
2) Soweit gemäß Ausschreibung möglich
3) Bei Jugendlichen Unterschrift des gesetzlichen Vertreters
4) Wird nichts angekreuzt, erhalten Sie keine Ergebnisliste

Herausgegeben vom Verein Deutscher Distanzreiter und -fahrer e.V.
Alle Rechte vorbehalten. Nachdruck, auch auszugsweise, nur mit Genehmigung

VDD-Geschäftsstelle   Telefon: 02324/23841
Habichtstr. 77   Telefax: 02324/54191
45527 Hattingen   E-Mail: GSVDD@t-online.de

Dem ausgefüllten Formular legen Sie einen Verrechnungsscheck in Höhe des Nenngeldes bei und senden alles innerhalb der Nennfrist an den Veranstalter.

Wie schon erwähnt, sollte man sich bei einer Begrenzung der Teilnehmerzahl rechtzeitig anmelden. Nur in seltenen Fällen erhalten Sie automatisch eine Nennbestätigung vom Veranstalter.

Planung und Vorbereitung

Nun haben Sie sich eine Veranstaltung ausgesucht und sich vielleicht sogar schon angemeldet. Jetzt beginnt die Planung und Vorbereitung.

Die Übernachtung von Reiter und Pferd

Da viele Distanzreiter in der Regel sehr robust sind, übernachten sie meist in der Nähe ihres Pferdes. Sie schlafen im Hänger, Zelt oder Wohnmobil neben dem Paddock oder auf dem dafür vorgesehenen Platz. Erkundigen Sie sich am besten vorher beim Veranstalter, ob sanitäre Anlagen zur Verfügung stehen.

Wer es etwas komfortabler möchte, kann rechtzeitig Zimmer reservieren. Hotelempfehlungen erhalten Sie meist beim Veranstalter oder über das zuständige Fremdenverkehrsamt.

Die Pferde übernachten üblicherweise in Paddocks auf der Wiese. Sie sollten sich also idealerweise zwölf Kunststoffstangen mit Elektroband und ein Weidezaungerät besorgen.

Auch wenn Sie Ihr Pferd über Nacht lieber in eine Box stellen, kann es nach dem Ritt angenehmer und entspannender sein, wenn es sich im Paddock frei bewegen darf.

Equidenpass

Nach der neuesten Viehverkehrsordnung muss man für jedes Pferd, das transportiert wird, einen Equidenpass mitführen. Dieses Dokument kann beim Zuchtverband oder bei der Deutschen Reiterlichen Vereinigung in Warendorf angefordert werden. Der Pass enthält ein Diagramm des Pferdes, das entweder von einem Beauftragten des Zuchtverbandes oder von einem dazu berechtigten Tierarzt ausgefüllt wird. Außerdem werden sämtliche Impfungen eingetragen. Vorgeschrieben ist hier lediglich die Hustenimpfung, deren Grundimmunisierung vom Tierarzt im Pass bestätigt und die anschließend alle sechs Monate wiederholt werden muss.

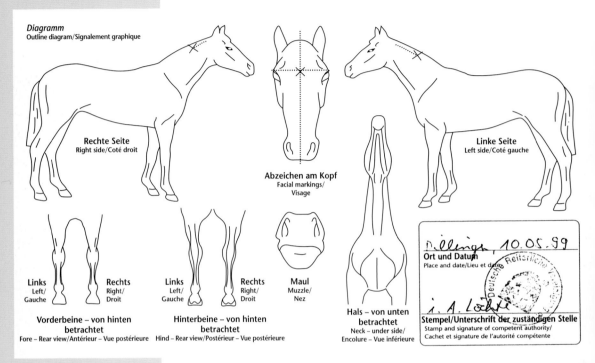

Diagramm
Outline diagram/Signalement graphique

Rechte Seite
Right side/Coté droit

Linke Seite
Left side/Coté gauche

Abzeichen am Kopf
Facial markings/
Visage

Links
Left/
Gauche

Rechts
Right/
Droit

Links
Left/
Gauche

Rechts
Right/
Droit

Maul
Muzzle/
Nez

Vorderbeine – von hinten betrachtet
Fore – Rear view/Antérieur – Vue postérieure

Hinterbeine – von hinten betrachtet
Hind – Rear view/Postérieur – Vue postérieure

Hals – von unten betrachtet
Neck – under side/
Encolure – Vue inférieure

Dillingen, 10.05.99
Ort und Datum
Place and date/Lieu et date

i. A. Locht

Stempel/Unterschrift der zuständigen Stelle
Stamp and signature of competent authority/
Cachet et signature de l'autorité compétente

Der Equidenpass

Da Sie erst nach abgeschlossener Grundimmunisierung an einem Wettkampf teilnehmen dürfen, sollten Sie sich rechtzeitig mit Ihrem Tierarzt in Verbindung setzen. Bei der Hustenimpfung (Influenza) wird vier Wochen nach der ersten Impfung die zweite vorgenommen, damit ist die Grundimmunisierung abgeschlossen. Bei der kombinierten Impfung gegen Influenza und Herpes schreiben manche Hersteller die zweite nach acht Wochen vor.

Hufbeschlag

Kein Pferd sollte unmittelbar vor einem geplanten Ritt neu beschlagen werden. Die Tiere müssen sich erst an den Beschlag gewöhnen, daher sollte der Termin mindestens ein bis zwei Wochen vorher liegen. Manche Pferde reagieren sehr empfindlich, wenn sie frisch ausgeschnitten und beschlagen wurden. Probieren Sie direkt vor dem Wettkampf keinen völlig neuen Beschlag aus. Daran sollte sich Ihr Pferd am besten über mehrere Beschlagsperioden gewöhnen können.

Das andere Extrem ist ein überfälliger Beschlag. Er bewirkt, dass durch eine zu lange Zehe das Abrollen behindert und die Sehnen und Bänder des Pferdes zu sehr belastet werden. Auch dies sind keine guten Voraussetzungen für eine erfolgreiche Teilnahme an einem Distanzritt.

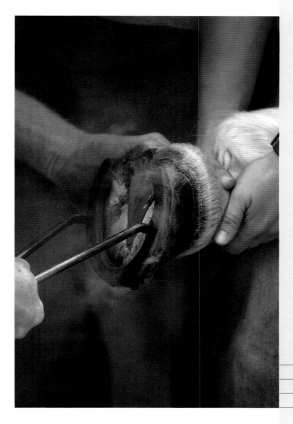

Man sollte ein Pferd nicht kurz vor einem Wettkampf beschlagen lassen.

Abreise

Die Erfahrung hat gezeigt: Je näher der Wettkampf rückt, desto größer wird die Nervosität. Bereiten Sie alles gemäß Packliste vor, damit Sie auch nichts vergessen. Fangen Sie nicht erst in den letzten Sekunden vor der geplanten Abfahrt mit dem Verladen des Pferdes an. Fahren Sie rechtzeitig zum Veranstaltungsort. Dort können Sie dann in Ruhe die letzten Handgriffe erledigen. Auch Ihr Pferd kann sich vor dem Start noch einmal erholen. Manchmal ist es sogar erforderlich, bereits einen Tag vorher anzureisen.

Kontrollieren Sie vor Beginn der Fahrt Ihren Transporter und stellen Sie sicher, dass er keine technischen Mängel hat. Funktionieren die Bremsen, sind die Reifen inklusive Ersatzrad mit genügend Luft gefüllt und sind der Boden und alle Lichter in Ordnung? Das Gleiche gilt natürlich auch für das Zugfahrzeug.

Der Ordnung halber sollten alle Utensilien in Behältern verstaut werden. Am besten eignen sich abschließbare Aluminium- oder auch Kunststoffboxen, alternativ kann man aber auch stapelbare Kunststoffkörbe verwenden.

Damit Sie auch wirklich nichts vergessen, ist eine Liste als Gedächtnisstütze empfehlenswert.

Die folgenden Utensilien sollten Sie dabei haben.

Für den Reiter

- Helm
- 2 Reithosen
- Chapsletten oder Kniestrümpfe
- 2 Poloshirts
- 2 Paar Stiefel (Wander-, Trecking-, Reitstiefel), Turnschuhe
- 2 Reitjacken je nach Witterung warm oder wasserdicht
- eventuell Reithandschuhe
- eventuell Brustbeutel für Checkkarte und sonstiges
- Klappstuhl für den Reiter in der Pause

Für das Pferd

_____ 2 Sättel (zur Sicherheit)
_____ 2 x Zaumzeug
_____ unterschiedliche Gebisse
_____ eventuell gebisslose Zäumung
_____ 2 Zügel
_____ Vorderzeug
_____ 2 Sattelgurte
_____ 2 Satteldecken
_____ 1 zusätzlicher Satz Steigbügel
_____ 2 Gamaschen
_____ eventuell ein Pulsmessgerät

Futtermittel

_____ Heu
_____ Kraftfutter
_____ Zusatzfuttermittel (Elektrolyte usw.)
_____ Äpfel, Karotten, eventuell Bananen
_____ Apfelmus, um die Elektrolyte für die Maulspritze zu mischen

Decken

_____ Regendecke
_____ Thermo- oder Wolldecke oder
_____ 2 Abschwitzdecken
_____ Fliegendecke
_____ eventuell Stalldecke

Erste Hilfe

_____ Desinfektionsspray
_____ Wundheilsalbe
_____ Aluspray
_____ Verbandszeug
_____ eventuell homöopatische Mittel für Notfälle
_____ Vaseline

Sonstiges

- Paddockstangen
- Elektroband
- Weidezaungerät
- 3–4 Eimer
- Futtertrog (sehr gut eignen sich Kunststoffschüsseln oder Putzboxen ohne Deckel)
- Schwämme
- Schweißmesser
- Maulspritze
- Wollbandagen
- Bandagierkissen
- Kühlgamaschen
- Wasserkanister, die auch voll noch tragbar sind, für ca. 40 bis 60 Liter Wasser, je nach Rittlänge
- 6–10 Plastikflaschen
- Putzzeug
- Stethoskop, Fieberthermometer
- Stallhalfter
- 2 Führstricke
- Beschlagwerkzeug, bestenfalls mit komplettem Ersatzbeschlag
- Stallbutler oder Mistboy
- Besen
- Kartentasche
- Schreibzeug mit Textmarker
- Kompass
- Equidenpass
- Mitgliedsausweis vom VDD

Für Reiter und Crew

- Getränke: Wasser, Apfelschorle, Isotonische Getränke usw.
- Magnesium-Brausetabletten
- Obst
- Campingstühle und Tisch

Es ist ratsam die Utensilien, wie zum Beispiel Kanister, Futtertrog, Eimer usw. zu kennzeichnen. Eine Beschriftung mit dem eigenen Namen verhindert Verwechslungen.

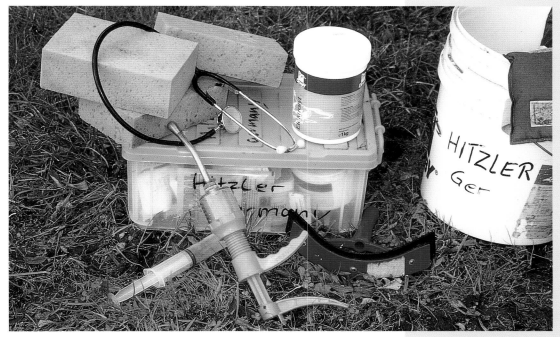

Verstauen Sie die
Gegenstände so,
dass sie auch jeder
wieder finden kann.

Transport

Je nach Witterung können Sie das Pferd im Hänger eindecken. Bei offener Luke während der Fahrt ist dies unumgänglich. Bei heißem Wetter kann man eine Fliegendecke benutzen. Zum Schutz der Beine sind Transportgamaschen ein Muss, ein Schweifschoner ist zu empfehlen. Den Pferden sollte im Anhänger Heu zur Verfügung stehen, ein Heunetz kann man überall befestigen. Futter lenkt nervöse Pferde ab, lässt sie ruhiger werden und beschäftigt sie während der Fahrt. Dauert die Fahrt länger als zwei Stunden, sollten Sie dem Pferd Wasser anbieten, besonders bei heißen Temperaturen. Schon während des Transportes schwitzen nervöse Pferde und verlieren sehr viel Wasser und Elektrolyte. Sie sollten unbedingt darauf achten, dass die Pferde nach der Fahrt genügend saufen und somit Elektrolyte erhalten.

Hat Ihr Vierbeiner sehr viel Angst vor der Fahrt im Hänger, empfiehlt es sich, vorher immer wieder zu verladen und kleinere Strecken zu fahren. Außerdem sollten Sie darauf achten, dass ständig Futter im Anhänger ist, das die Pferde in Ruhe fressen dürfen.

Der Wettkampf

Der Wettkampf ist der Höhepunkt und das Ziel aller Anstrengungen, aber auch ein Test, der darüber Auskunft gibt, ob die Vorbereitungen von Pferd und Reiter richtig waren. Es ist äußerst wichtig, dass der Reiter selbstbewusst an den Start geht und sich nicht von anderen beeindrucken lässt.

Die Ankunft

Nach der Ankunft am Veranstaltungsort steht die Suche nach einem geeigneten Platz für den Paddock an erster Stelle. Nach Möglichkeit sollten Sie sich einen Platz aussuchen, an dem das Pferd vor Wind, Regen oder Sonne geschützt ist. Pferde, die besonders im Frühjahr noch nicht oder nur sehr wenig an Gras gewöhnt sind, dürfen nicht auf einen fetten Wiesenpaddock. Das kann sehr üble Folgen haben, vom Durchfall bis zur Kolik. Dann wäre der Wettkampf bereits vor dem Start beendet. Der Nachbar einer Stute sollte auch nicht unbedingt ein Hengst sein. Das provoziert Unruhe. Der Fairness halber ist die Größe des Paddocks den Gegebenheiten entsprechend anzupassen. Heu und Wasser sorgen dafür, dass sich die Pferde wohl fühlen. Um die Umzäunung ausbruchsicher zu machen, sollten Sie ein Weidezaungerät anschließen.

... und so fühlt sich ein Pferd im Paddock wohl.

Nachdem das Pferd versorgt ist, können Sie an der Meldestelle die restlichen Gebühren wie Startgeld usw. entrichten. Dort erhalten Sie die Check-Karte, die Sie zur Voruntersuchung benötigen. Außerdem bekommt man üblicherweise, auch auf markierten Ritten, zwei Streckenkarten. Eine Karte behält der Reiter, die andere ist für die Crew.

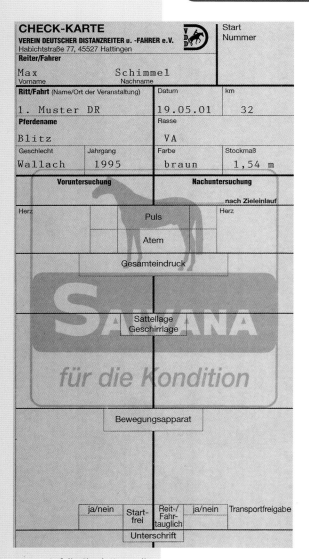

CHECK-KARTE
VEREIN DEUTSCHER DISTANZREITER u. -FAHRER e.V.
Habichtstraße 77, 45527 Hattingen

Start Nummer

Reiter/Fahrer

Max Schimmel
Vorname · Nachname

Ritt/Fahrt (Name/Ort der Veranstaltung)	Datum	km
1. Muster DR	19.05.01	32

Pferdename · Rasse

Blitz · VA

Geschlecht	Jahrgang	Farbe	Stockmaß
Wallach	1995	braun	1,54 m

Voruntersuchung	Nachuntersuchung
	nach Zieleinlauf
Herz	Herz
Puls	
Atem	
Gesamteindruck	
Sattellage Geschirrlage	
Bewegungsapparat	
ja/nein	Start-frei	Reit-/Fahr-tauglich	ja/nein	Transportfreigabe
Unterschrift	

Auf die Check-Karte, die der Reiter immer bei sich haben muss, werden alle Daten während des Rittes eingetragen, bei Verlust droht Disqualifikation.

Je nach Ausschreibung und Organisation findet die Voruntersuchung am Vortag oder am Tag des Rittes vor dem Start statt. Sie sollten jedoch nicht sofort nach dem Ausladen mit dem Pferd zum Tierarzt gehen. Nach einer langen Fahrt sind die Vierbeiner oft verspannt und steif, daher sollten sie sich erst auf dem Paddock entspannen. Anschließend führen Sie Ihr Pferd etwa 15 bis 30 Minuten spazieren, dabei sollte man auch einige Meter traben. Erst wenn Sie das Gefühl haben, Ihr Pferd ist locker, gehen Sie zur Voruntersuchung. Es ist schon vorgekommen, dass eine Lahmheit diagnostiziert und der Start verweigert wurde, weil die Pferde steif und noch kalt waren.

Bitte präsentieren Sie dem Tierarzt nur ein sauber geputztes Pferd mit ausgeräumten Hufen.

Vorgestellt wird üblicherweise nur mit Stallhalfter und Führstrick, ungesattelt und ohne Decke. Damit der Veterinär Ihr Pferd untersuchen kann, sollte es ruhig stehen, nicht schlagen oder beißen und sich von fremden Personen überall anfassen lassen.

Der Ablauf einer Voruntersuchung ist im Grunde immer gleich. Der Tierarzt misst zunächst Puls und Atmung, dann überprüft er die Sattel- und Gurtlage auf Druckstellen sowie Empfindlichkeit. Ferner wird er die Beine abtasten und eventuell vorhandene Verletzungen untersuchen, die Nüstern auf Ausfluss und die Farbe der Schleimhäute kontrollieren. Außerdem hört er die Darmtätigkeit ab.

Nach der Gangkontrolle, bei der Sie Ihr Pferd am lockeren Führstrick im Schritt und Trab vorführen, und unter Berücksichtigung des Gesamteindruckes wird der Tierarzt entscheiden, ob Ihr Vierbeiner an den Start gehen kann.

Die Daten und Ergebnisse aller Untersuchungen werden dann in die Check-Karte eingetragen, die der Reiter während des gesamten Rittes bis zum Schluss bei sich tragen muss.

Damit Sie die Handgriffe des Tierarztes und auch dessen Entscheidungen besser verstehen, möchte ich nachfolgend die einzelnen Vorgänge kurz erklären:

Puls und Atmung

Über den Puls und die Atmung kann der Tierarzt feststellen, ob der Kreislauf stabil und der Herzrhythmus normal ist.

Sattel- und Gurtlage

Der Tierarzt wird die Sattel- und Gurtlage abtasten, um festzustellen, ob und wie das Pferd reagiert. Sind die Reaktionen sehr heftig, hat das Pferd offensichtlich Schmerzen. Zum Schutz des Pferdes wird der Ritt dann nicht gestattet.
Ein schlecht sitzender Sattel kann Schmerzen verursachen und scheuern. Auch der Gurt verursacht bei

Der Pferderücken wird auf schmerzhafte Stellen untersucht.

empfindlichen Pferden Probleme. Salzkristalle, die beim Schwitzen entstehen, und Schmutz können durch Reibung in den Hautfalten zwischen Ellenbogen und Gurt wund scheuern. Weitere Scheuerstellen treten oftmals an Schnallen auf oder werden durch Fender oder Steigbügelriemen verursacht. Wenn Sie das Fell bei jeder Gelegenheit gründlich von Schmutz und Schweiß befreien, lassen sich derartige Handicaps meist vermeiden.

Darmtätigkeit

Mit dem Stethoskop werden die Verdauungsorgane abgehört. Sind kaum Geräusche zu hören, besteht die Gefahr einer Kolik.

Beine

Durch das Abtasten der Beugesehnen und Gelenke möchte man frühzeitig Reizungen erkennen, um Folgeschäden möglichst zu vermeiden. Die Sehnen und Gelenke sollten idealerweise klar sein und frei von Schwellungen. Gallen sind in der Regel nur Schönheitsfehler, das wird auch der Tierarzt so sehen. Ferner werden die Beine nach Verletzungen untersucht. Bei starker Mauke kann der Start verweigert werden.

Schleimhäute

Anhand der Farbe der Schleimhäute im Maul oder Auge erkennt der Tierarzt den Kreislaufzustand des Pferdes. Gesunde Schleimhäute haben eine rosarote Färbung.

Gangkontrolle – Vortraben

Im Anschluss an die Untersuchung werden die Pferde dem Tierarzt auf hartem Boden im Schritt und Trab vorgeführt, um eventuelle Lahmhei-

Zum Abschluss muss man sein Pferd dem Tierarzt vortraben lassen.

ten oder Unregelmäßigkeiten festzustellen. Das korrekte Vorstellen sollte folgendermaßen aussehen: Der Reiter steht auf der linken Seite des Pferdes in Höhe des Kopfes und hält den Strick in der rechten Hand. Das Pferd sollte locker am durchhängenden Führstrick auf möglichst gerader Linie nebenher traben.

Kurz vor der Wendung pariert man durch zum Schritt und wendet in einem größtmöglichen Bogen nach rechts, damit der Tierarzt die Pferdebeine sehen kann. Zu enge Wendungen sind zu vermeiden, da sie eine Belastung für die Gelenke darstellen und außerdem kleine Unregelmäßigkeiten eher erkennen lassen. Nach der Wendung geht man Schritt, bis das Pferd gerade gerichtet ist und trabt dann wieder locker an.

Das Vortraben sollten Sie zu Hause üben. Pferde, die unwillig sind oder nicht allein antraben, hinterlassen einen schlechten Eindruck. Die Benutzung einer Gerte ist mit dem Tierarzt abzusprechen.

Ein kurzes Wort noch zu den tierärztlichen Entscheidungen: Diese sind endgültig und zu respektieren. Der Tierarzt ist verantwortlich dafür, dass der Tierschutz eingehalten und den Pferden durch Unerfahrenheit oder falschen Ehrgeiz der Reiter kein Schaden zugefügt wird. Wenn ein Veterinär das Tier aus gesundheitlichen Gründen aus der Wertung nimmt, sollte sich jeder Reiter Gedanken über die Gründe des Ausscheidens machen.

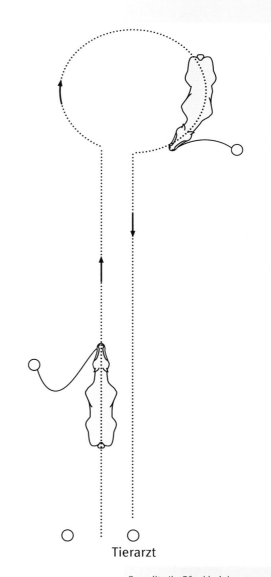

Tierarzt

So sollte Ihr Pferd bei der Gangkontrolle vorgestellt werden.

Die Vorbesprechung

Die Vorbesprechung wird je nach Organisation und Rittlänge entweder am Vorabend oder zwischen der Voruntersuchung und dem Start stattfinden. Der Veranstalter oder ein Vertreter erklären die Strecke und die Markierung. Sie weisen auch auf problematische und schwierige

Streckenabschnitte hin. Deshalb sollte die Crew ebenfalls bei der Besprechung anwesend sein. Ferner werden grundlegende Dinge geklärt, wie zum Beispiel:

___ Der Ablauf der Vet-Checks oder der Pausen.

___ Dass bei der Tierarztkontrolle in der Pause abgesattelt wird.

___ Ob die Pause bei Einritt beginnt oder erst bei Erreichen des Pulsgrenzwertes.

___ Wie oft darf man bei der Pulskontrolle nachmessen lassen?

___ Ist genügend Wasser an den Stopps vorhanden?

___ Lassen Sie sich bestätigen, ob der in der Ausschreibung angegebene Pulsgrenzwert weiterhin Gültigkeit hat. Manchmal wird dieser kurzfristig verändert, zum Beispiel von 64 auf 60 Schläge pro Minute.

___ Sind feste Punkte zum Betreuen (so genannte Grooming Points) festgelegt oder darf die Crew überall auf der Strecke anhalten und betreuen?

___ Darf man Fliegenmittel verwenden?

Natürlich können sich noch viele andere Fragen ergeben, die am besten bei der Vorbesprechung geklärt werden sollten.

Die letzten Vorbereitungen

Das Pferd

Am Tag vor dem Ritt sollten Sie Ihr Pferd wie gewohnt mit Kraftfutter füttern. Der Leistung entsprechend, die es zu erbringen hat, darf die Ration ruhig etwas großzügiger ausfallen, jedoch in vernünftigem Rahmen. Wie im Kapitel »Die richtige Fütterung« ab Seite 50 beschrieben wurde, sollen Sie mit einem Pferd anreisen, das in gutem Futterzustand ist. Ihr Vierbeiner darf über Nacht so viel Heu fressen, wie er will. Frisches Wasser muss unbedingt immer bereitstehen. Geben Sie zwei Stunden vor dem Start zum letzten Mal Kraftfutter, wiederum eine normale

Portion. Wenn Ihr Pferd nachts genügend Heu gefressen hat, ist eine weitere Fütterung unmittelbar vor dem Ritt nicht mehr so wichtig. Steht das Tier in der Nacht draußen auf dem Paddock, sollte man es je nach Witterung warm eindecken. Am besten eignet sich eine Regendecke, damit die Muskulatur nicht zu sehr auskühlt.

Das Trossfahrzeug

Für die Crew sollten die wichtigsten Dinge griffbereit sein. Die Wasserkanister und Wasserflaschen füllt man am besten am Vortag und lädt sie mit den anderen Gegenständen ins Auto. Sehr zu empfehlen ist eine Kunststoffwanne, um den Kofferraum vor Nässe durch leckende Kanister oder Wasserflaschen und sonstigem Schmutz zu schützen. Überprüfen Sie rechtzeitig Ihre Tankuhr, damit Sie gegebenenfalls am Vortag tanken können.

Der Reiter

Nachdem alle Vorbereitungen abgeschlossen sind und auch das Pferd versorgt ist, sollte sich der Reiter entspannen. Jetzt kann er sich Zeit nehmen, um die Streckenkarte zu studieren und mit der Crew die Ritt-Taktik zu besprechen. Damit man am nächsten Morgen, der bei Distanzritten meist schon sehr früh beginnt, fit und ausgeruht ist, sollte man am Abend nach einer leichten Mahlzeit zeitig schlafen gehen.

Der Ritt

Nach einer – hoffentlich – ruhigen Nacht ist es Zeit, Ihr Pferd zu füttern. Aber auch der Reiter sollte sich Zeit für ein Frühstück nehmen.

Warmreiten

Gründliches Warmreiten ist äußerst wichtig, um den Stoffwechsel in Gang zu bringen und die Muskeln zu lockern. Damit wird die Verletzungsgefahr drastisch verringert. Die Pferde sind erfahrungsgemäß auf den ersten Kilometern kaum zu beruhigen. Deshalb ist es schwierig, sie erst nach dem Start auf die Belastung vorzubereiten. Damit Sie genügend Zeit zum Warmreiten haben, sollten Sie mindestens 30 Minuten vor dem Start satteln. Führen Sie Ihr Pferd die ersten

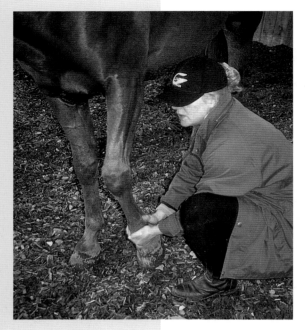

Minuten. Am besten überlassen Sie das Ihrem Betreuer und erwärmen zwischenzeitlich auch Ihre Muskulatur, zum Beispiel durch Dauerlauf und leichte Dehnübungen. Etwa 10 bis 15 Minuten vor dem Start gurten Sie langsam nach und steigen auf. Bewegen Sie Ihr Pferd zunächst im Schritt, dann kurz im Trab und Galopp, anschließend könnten Sie zur leichten Gymnastizierung noch einige Schritte Schulterherein reiten.

Immer wieder habe ich beobachtet, dass Menschen ihren Pferden vor der Belastung die Vorderbeine nach vorn herausziehen, mit der Absicht zu dehnen. Im Grunde ist dagegen nichts einzuwenden, dies sollte jedoch nicht von einem Laien durchgeführt werden, denn schnell erreicht man eine Überdehnung. Daher empfehle ich das Bein nur leicht zu lockern und nicht zu stark zu dehnen.

Das Bein wird nicht gedehnt, sondern nur vorsichtig gelockert.

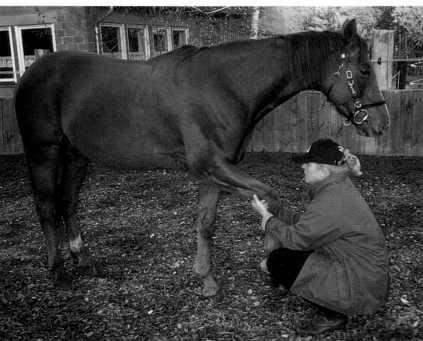

Der Start

Lassen Sie sich nicht von anderen schnelleren Reitern zu höherem Tempo verleiten. Konzentrieren Sie sich auf Ihr Pferd und reiten Sie Ihr Tempo, entsprechend des Trainingsstandes und des Vermögens Ihres Sportpartners. Das oberste Ziel sollte sein, den Ritt mit einem gesunden Pferd in der Wertung zu beenden. Legen andere eine höhere Geschwindigkeit vor, heißt das noch lange nicht, dass sie sie auch durchhalten können. Auf den ersten Kilometern sind die Pferde meist nervös und temperamentvoll – versuchen Sie in Ruhe Ihr Tempo zu finden. Hetzjagden kosten zu viel Energie, außerdem ist die Verletzungsgefahr sehr groß. Notfalls biegen Sie von der Strecke ab und lassen die anderen ziehen. Ich habe die Erfahrung gemacht, dass man viele von ihnen wieder einholt, wenn man ein gleichmäßiges Tempo beibehält.

Die Crew kann auf den ersten Kilometern bis zum ersten Vet-Check Wasserflaschen zum Kühlen der Pferde am Hals reichen.

Kurz nach dem Start ist das Feld noch sehr dicht beisammen.

Vet-Check und Vet-Gate

Wir unterscheiden Vet-Check und Vet-Gate beziehungsweise Pause. Im Vet-Check wird nur der Puls des Pferdes gemessen und bei erreichtem Grenzwert von 64 oder 60 Schlägen pro Minute darf man sofort weiterreiten. Im Vet-Gate wird außer der Pulsmessung nochmals eine Tierarztkontrolle durchgeführt, mit Vortraben und anschließender Pause. Hier werden die Pferde ohne Sattel vorgestellt. Je nach Veranstaltung fängt die Pause entweder bei Ankunft oder bei Erreichen des Grenzwertes an.

Vet-Check

Die letzten Meter vor dem Vet-Check können Sie absteigen, führen und den Sattelgurt etwas lockern. Das Pferd regeneriert so schneller. Bei Ihrer Ankunft sollte die Crew schon alles bereit haben: Wasserflaschen und eine Decke, die sofort über die Kruppe gelegt wird, sodass die Hinterhand bedeckt ist. Wasser zum Saufen und zum Waschen sowie Verpflegung für den Reiter sollen auch nicht fehlen. Bei kürzeren Ritten wird der Pulswert meist sofort nach Ankunft genommen und mit der Uhrzeit in die Check-Karte eingetragen. Beträgt der Wert 64 beziehungsweise 60 oder liegt er darunter, dürfen Sie sofort weiterreiten. Sonst haben Sie bzw. Ihr Pferd 20 Minuten Zeit, diesen Grenzwert zu erreichen.

Manche Veranstalter haben die Häufigkeit des Nachmessens begrenzt. Dann muss der Reiter selbst den Puls überwachen und darf sein Pferd erst vorstellen, wenn der Wert erreicht ist. Stellen Sie das Pferd mit einem zu hohen

Häufig joggt der Reiter die letzten Meter vor dem Vet-Gate, damit das Pferd schneller regeneriert.

Wert vor, bedeutet das Disqualifikation. Deshalb lohnt es sich nicht, ein Risiko einzugehen. Auf langen Ritten ist diese Regelung bereits Standard und auf kürzeren Ritten lernen die Reiter ihre Pferde besser kennen und einschätzen. Am besten messen Sie den Puls Ihres Pferdes selbst mit einem Stethoskop oder Pulsmesser.

Damit Ihr Pferd besser und schneller regeneriert, kühlen Sie mit Wasser den Hals und die Beine. Achten Sie während des Kühlens immer wieder auf den Puls. Ich habe die Erfahrung gemacht, dass bei manchen Pferden der Puls mit zunehmendem Wassergießen steigt oder konstant bleibt. Manche Pferde frieren oder benötigen einfach eine kurze Ruhepause. Dann sollten Sie das Pferd entspannen lassen und unter Beobachtung des Pulses ruhig einige Schritte gehen.

Beachten Sie, dass Sie von der Voruntersuchung bis zur abgeschlossenen Nachuntersuchung außer Wasser keine anderen Pflegemittel verwenden dürfen. Dies würde zur Disqualifikation führen. Ausnahmen muss der Tierarzt genehmigen.

Legen Sie unbedingt eine Decke über die Kruppe, sodass die gesamte Muskulatur der Hinterhand bedeckt ist. Bei kaltem Wetter ist es wichtig, genügend warme Decken dabei zu haben, bei warmen Temperaturen verwende ich zumindest eine gefaltete Fliegendecke.

Wenn das Pferd saufen will, sollte es nicht unterbrochen werden. Bieten Sie ihm nach Möglichkeit handwarmes Wasser an. Auch Sie selbst sollten genügend trinken, Sie müssen schließlich so fit sein wie Ihr vierbeiniger Partner.

Vet-Gate

Nach der Tierarztkontrolle nutzt man die Pause, um das Pferd zu versorgen. Es erhält geringe Mengen Kraftfutter, Karotten, Bananen und/oder Äpfel und natürlich Wasser. Gras ist das beste Futtermittel: es enthält Wasser, Elektrolyte und Mineralstoffe.

Sollte das Pferd nicht trinken wollen, können Sie das Futter auch einweichen. Manchmal hilft es Apfelviertel oder Karotten ins Wasser zu geben.

In den Pausen ist es ganz besonders wichtig, dass die Muskulatur mit Hilfe von Decken warm gehalten wird. Durch leichte Massagen hält man sie locker.

Buntes Treiben im Vet-Gate, jede Crew gibt ihr Bestes.

Ab einer Pausenlänge von 30 Minuten sollten Sie absatteln, schon um sicher zu gehen, dass nichts scheuert. Nutzen Sie die Zeit auch, um den Beschlag zu kontrollieren.

Durch leichte Massage und Decken wird die Muskulatur locker und warm gehalten.

Im Vet-Gate wird
nochmals der Beschlag
überprüft und
gegebenenfalls
ausgebessert.

Auch der Reiter
sollte sich in der Pause
entspannen.

Vergessen Sie nicht, die Gamaschen und den Sattelgurt zu säubern. Die Beine packen Sie am besten in Kühlgamaschen, damit durch das plötzliche Stehen ein Anschwellen verhindert wird. Wichtig ist auch das Strahlen: Viele Pferde können es nicht überall erledigen, daher empfiehlt es sich, entweder hohes Gras zu suchen oder Stroh mitzubringen.

Auch der Reiter sollte sich am besten im mitgebrachten Klappstuhl entspannen, etwas essen und viel trinken.

Um pünktlich und ohne Hektik nach der Pause ausreiten zu können, sollten Sie etwa zehn Minuten vor Ende der Pause mit dem Satteln beginnen.

Auf der Strecke

Anhand der Regenerationszeit können Sie erkennen, ob das Tempo zu langsam, zu schnell oder genau richtig war. Bei Hengsten ist nicht immer eine Überlastung der Grund für hohe Pulswerte, sondern eventuell eine Stute. Konnten Sie den Stopp entweder sofort oder nach wenigen Minuten wieder verlassen, wurde vernünftig geritten. Dauerte das Erreichen des Richtwertes jedoch länger, bis hin zur 20-Minuten-Grenze, sollten Sie den Ritt langsamer fortsetzen. Wie zuvor erwähnt, lässt sich mit einem Pulsmesser sehr gut feststellen, welches Tempo passend für Ihr Pferd ist. Daher müssen Sie bereits im Training die Werte analysieren, damit Sie während des Wettkampfes Veränderungen feststellen können.

Passen Sie Ihre Reitweise dem Trainingsstand des Pferdes und dem Geläuf an.

Ob Sie nun traben oder galoppieren, hängt ganz vom Pferd ab. Allgemein herrschte die Meinung, dass Trab die Gangart für das Distanzreiten ist, Galopp war fast schon verpönt. Da viele Pferde jedoch leichter galoppieren als traben, sollte man meiner Meinung nach je nach Geläuf und unter Berücksichtigung der Pulswerte die Gangarten wechseln. Bei hügeligen Strecken muss man vorsichtig sein. Um die Muskulatur nicht zu übersäuern, sollten Sie langsam bergauf reiten, je nach Länge und Steigung im langsamen Trab oder Schritt, keinesfalls im Galopp.

Wenn plötzlich keine Markierung mehr kommt, sollten Sie zur letzten zurückreiten und prüfen, ob Sie eventuell eine übersehen haben. Manchmal werden Markierungen aber auch von Passanten verdeckt oder entfernt. Deshalb ist es ratsam, sich immer wieder auf der Karte zu orientieren. Grundsätzlich muss jedoch nach Markierung geritten werden, die Karte hilft nur bei Notfällen. Wer bewusst von der Strecke abkommt und abkürzt, wird disqualifiziert.

Die Crew sollte nun wieder Wasser zum Saufen anbieten und Wasserflaschen zum Kühlen bereit halten. Auf der Strecke trinken die Pferde auch gerne aus Pfützen, oft ziehen sie das sogar vor.

Schön, wenn ein Pferd
nach 120 Kilometern
noch so frisch über
die Ziellinie galoppiert.

Im Ziel

Bei Ankunft im Ziel wird sofort der Puls des Pferdes gemessen und wie zuvor in die Check-Karte eingetragen. Manche Veranstalter verlangen eine zweite Messung innerhalb von oder nach 20 Minuten.

In den zwei Stunden bis zur Nachuntersuchung können Sie sich intensiv um Ihr Pferd kümmern. Bringen Sie es am besten in den Paddock und füttern Sie eine normale Ration Kraftfutter. Heu und Wasser gibt es nach Belieben. Um den Verlust an Mineralstoffen wieder auszugleichen, verabreichen Sie Elektrolyte, entweder mit einer Maulspritze oder über das Futter, außerdem Selen- und Magnesiumpräparate. Bei Distanzen bis zu 60 Kilometern ist das während des Rittes nicht notwendig.

Denken Sie auch immer an die Decke für das Pferd. Sie müssen bei der Nachuntersuchung noch einmal vortraben und ein steifes und

Kühlgamaschen gibt es von verschiedenen Herstellern.

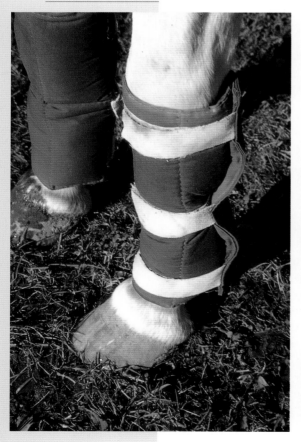
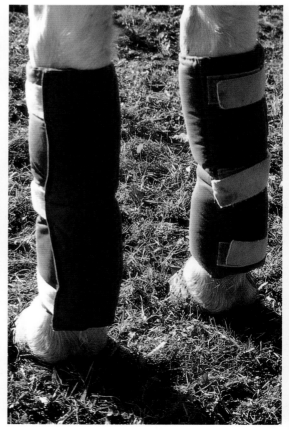

frierendes Pferd wird dann Probleme haben. Legen Sie sobald wie möglich wieder Kühlgamaschen an und/oder bandagieren Sie mit in kaltem Wasser eingeweichten Bandagierkissen und Wollbandagen. Dass Sie Ihr Pferd gründlich putzen, dürfte selbstverständlich sein. Dreck und Schweiß verkleben die Poren. Außerdem regt das Putzen den Stoffwechsel an und wirkt wie eine Massage. Gehen Sie etwa 30 Minuten vor der Nachuntersuchung mit Ihrem Pferd spazieren, wärmen Sie die Muskulatur auf, damit es locker vortrabt. Die Bandagen können Sie dann entfernen und mit einem sauber geputzten Pferd zum Tierarzt gehen.

Die Nachuntersuchung läuft nach dem gleichen Schema ab wie die Voruntersuchung und ist für Sie und Ihr Pferd die letzte zu überwindende Hürde.

Wenn Sie einen Ritt nicht in der Wertung beenden konnten und disqualifiziert wurden, sollten Sie den Grund dafür genau analysieren. Erst dann können Sie begangene Fehler beim nächsten Mal vermeiden.

Noch einmal Vortraben unter dem strengen Blick des Tierarztes.

Wieder zu Hause

Nach der Rückkehr in den Heimatstall sollten Sie Ihrem Pferd einige Tage Ruhe auf der Koppel gönnen und es weiter beobachten sowie die Beine regelmäßig kontrollieren. Bei Gewichtsverlust erhöhen Sie die Futtermenge. Nach etwa drei bis vier Tagen können Sie wieder Spaziergänge mit Ihrem Pferd unternehmen, dann folgen kurze Ausritte im Schritt. Nach einer Woche Schonung kann man anfangen, etwas mehr zu arbeiten. Die Regenerationsphase ist sehr wichtig. Nach einem harten und schweren Ritt würde ich auch empfehlen, die Beine noch zwei bis drei Tage zu bandagieren.

Wurde Ihr Pferd aus gesundheitlichen Gründen aus der Wertung genommen, sollten Sie vorsichtshalber Ihren Tierarzt kontaktieren, um etwaige bleibende Schäden zu verhindern.

Bis zum nächsten Ritt sollten Sie Ihrem Sportpartner genügend Zeit

geben. Ist die Rittplanung zu eng, kann das zu vorzeitigen Verschleiß-
erscheinungen und ernsthaften gesundheitlichen Problemen führen.
Das hängt natürlich auch von der Rittlänge ab. Bei einer Strecke von
30 bis 40 Kilometern würde ich erst nach drei bis vier Wochen am
nächsten Wettkampf teilnehmen, bei 60 bis 80 Kilometern etwa nach
fünf bis sieben Wochen.

Lassen Sie den Ritt zu Hause in Ruhe noch einmal Revue passieren.
Gehen Sie auf Fehlersuche, zum Beispiel:

Anfahrt	*Eventuell zu knapp geplant ...*
Ausrüstung	*Was hat gefehlt? Was wäre noch sinnvoll?*
Training	*Eventuell mehr Berg- oder Trabtraining.*
Ritt-Taktik	*Zu schnell oder zu langsam?*
Vet-Checks/-Gates	*Zu viel oder zu wenig gekühlt? War alles vorhanden?*
Crew	*Was kann man verbessern?*
Futter	*Was wurde bevorzugt, was abgelehnt? Welche Menge?*
Wasser	*Wann fängt das Pferd an zu saufen? Säuft es eher aus Pfützen?*
Disqualifikation	*Warum?*
Beschlag	*Hat er gehalten, sind Platten nötig?*

Es gibt immer etwas, das sich optimieren lässt. Analysieren Sie kri-
tisch, erst dann werden Sie mit System Erfolg haben und sich von Ritt
zu Ritt verbessern. Davon profitieren Sie und Ihr Pferd.

Entspannung

Auch Pferde leiden unter Verspannungen, die zu echten Problemen
werden können, bis hin zur Lahmheit. Es gibt verschiedene Methoden,
die Ihr Pferd entspannen lassen. Richtige Massagen sollten Sie jedoch
besser dem Physiotherapeuten überlassen, falsch ausgeführt können
Sie dem Pferd sogar Schmerzen bereiten.

Meinen Pferden und mir hat über viele Jahre die von Linda Tellington-
Jones entwickelte Methode sehr geholfen, genannt TT.E.A.M. Den so

Bei heißen Temperaturen genießen die Pferde das kühle Nass.

genannten TTOUCH kann man immer und überall anwenden und die Pferde entspannen sich dabei wunderbar. Sie sollten schon zu Hause anfangen, die Pferde daran zu gewöhnen. Sie werden sehr schnell feststellen, wie sehr die Pferde diese Berührungen genießen. Während des Vet-Checks oder der Pause werden die Tiere dann durch diese Methode schnell ruhiger und auch der Pulsschlag sinkt rascher. Um die große Muskulatur der Hinterhand während der Pause geschmeidig zu halten, lockern Sie die Muskeln mit der gesamten Handfläche. Auch hier können Sie den TTOUCH anwenden.

Das Putzen mit dem Noppenstriegel ist eine weitere ungefährliche Art der Massage.

Massieren Sie mit ruhigen und kreisenden Bewegungen. Üben Sie dabei leichten Druck aus und beginnen Sie am Hals und massieren Sie dann den Rücken bis zur Hinterhand. Bei dieser Methode kann man nichts falsch machen und der Stoffwechsel des Pferdes wird wirkungsvoll angeregt.

Mit dem Noppenstriegel kann man gleichzeitig putzen und massieren.

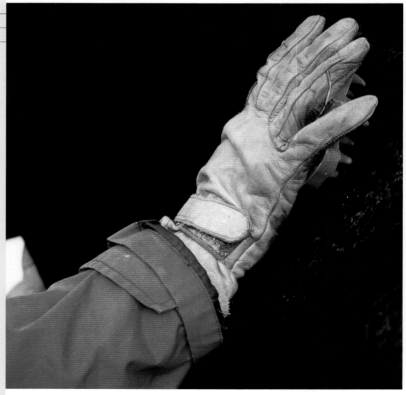

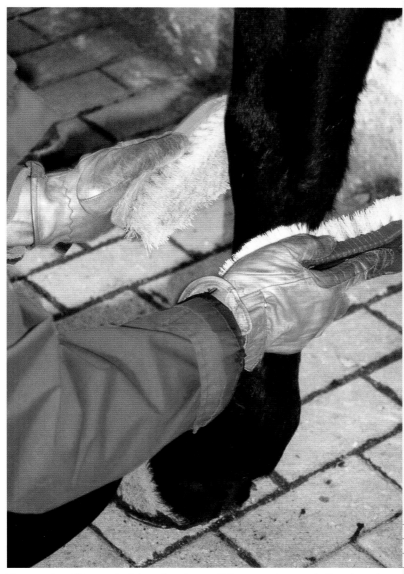

*Durch Massage mit
den Bürsten von unten
nach oben wird die
Durchblutung angeregt.*

Verwenden Sie zwei nicht allzu harte Bürsten oder auch Putzhand-
schuhe aus Gummi mit Noppen. Diese kann man normalerweise in
jedem Pferdefachgeschäft kaufen.

Massieren Sie auch die Beine mit leichtem Druck und kreisenden
Bewegungen. Die Massage mit Bürsten oder den Putzhandschuhen
empfinden die Pferde als sehr angenehm.

Reiten auf der »langen Strecke«

Viele Distanzreiter wollen nach einigen kleineren Ritten noch mehr Kilometer zurücklegen. Sie sollten jedoch keinen zu großen Sprung wagen, zum Beispiel von 60-Kilometer-Ritten auf 160 Kilometer. Bei einer langsamen Steigerung gewöhnt sich auch das Pferd an die neue Belastung. Vor einem Hundertmeiler sollte man mindestens einen Wettkampf mit 120 Kilometern Länge absolviert haben. Im Allgemeinen plant man für die Vorbereitung eines Pferdes auf einen 160-Kilometer-Ritt drei Jahre ein. Für einen Wettkampf im Ausland benötigen Sie je nach Länge verschiedene Qualifikationsritte. Außerdem muss für das Pferd bei der Reiterlichen Vereinigung in Warendorf ein FEI-Pass beantragt werden, der nach ähnlichem Prinzip wie der national geltende Equidenpass aufgebaut ist.

Mit den folgenden Berichten verschiedener Autoren möchte ich einige Eindrücke von diesem faszinierenden Sport vermitteln.

Lampenfieber pur – der erste Distanzritt

Wochen der Vorbereitung sind vergangen – hochwertiges Mineralfutter wurde gegeben, der Hafer dazu wohl dosiert, ein ausgeklügeltes Trainingssystem mit Abwechslung für Mensch und Tier wurde absolviert – und der große Tag des ersten Rittes rückt immer näher. Der letzte Beschlagstermin vor der kurzen Einführungsdistanz wurde mit dem Schmied exakt terminiert, um lockere Eisen zu vermeiden und die Hufe gut abrollen zu lassen.

Die Aufregung beim Reiter wächst und überträgt sich zwangsweise auf das Tier. Durch das Intervalltraining ist die Vollblutaraberstute recht »knackig« – bei ihrem vorherigen Besitzer kannte sie nur Showausbildung und das Reiten im Dressurviereck. Bei mir sollte sie es besser haben und etwas von der Welt sehen. Mein Pferd genoss sichtlich die neuen Eindrücke. Von wegen »spinniger« Araber – dieser erste Marathon für uns beide sollte die Weichen für eine besondere Freundschaft stellen ...

Die Bedingungen

Für unseren ersten Ritt, den so genannten Nikolaus-Ritt, hatten wir uns keine optimalen Witterungsbedingungen ausgesucht – zumindest erschien es im Vorfeld so.
Es war Anfang Dezember und das bedeutet, dass die Pferde Winterfell haben. Vielleicht wird es regnen und das Klima ist feuchtkalt. Arabische Vollblüter mögen diese Verhältnisse weniger, sie kommen aus Wüstengebieten. Dort ist es tagsüber heiß und nachts kalt und dabei trocken. Das ist ein wichtiger Punkt, den auch viele Robusthalter hierzulande außer Acht lassen.

Doch wir hatten Glück: Die Sonne schien und trocknete den Boden. Die Verbindung zwischen meiner Stute und mir war bereits über mehrere Monate gefestigt worden und ein erster Test bei einem Wanderritt im Oktober war vielversprechend verlaufen.

Der Beginn

Ohne Bedenken ging meine VA-Stute in den Pferdehänger und wartete auf die neuen Abenteuer. Unterwegs holten wir meine Mitreiterin und ihren Wallach ab. Das Lampenfieber stieg gleichzeitig mit der Vorfreude. Der erste Ritt und gleich nach Karte – Insider belächelten unseren Kampf mit den Details schon bei der Voruntersuchung. Wo geht's lang? Wo finde ich die Meldestelle und, noch wichtiger, eine Toilette? Währenddessen scharrte meine »Ria« im Pferdehänger; sie wollte raus, endlich etwas sehen von der Umgebung.

Die Voruntersuchung

Die Bürokratie war gut überstanden, der Obolus bezahlt und die tierärztlichen Untersuchungen konnten folgen. Es hieß erst einmal anstehen, bis der Veterinär das Zeichen zum Aufrücken gab. Pulsmessen, Rücken und Gelenke abtasten, Beschlagskontrolle, Prüfung der Schleimhäute, was meine Stute mit einem arroganten Seitenblick quittierte. Die Atmung schien in Ordnung und das Signal zum Vorführen an der Hand folgte. Zuerst im Schritt und anschließend im Trab. Für die Pferde die erste Probe aufs Exempel, weg von ihren Herdengenossen und alles flott und möglichst auf gedachter gerader Linie – auch für Profis nicht immer eine leichte Übung. Der Mediziner gab grünes Licht für den Wettbewerb und uns fiel ein Stein vom Herzen.

Der Countdown läuft

Ein Blick auf die Uhr ermahnte zur Eile, die Startzeit war recht knapp kalkuliert und jede Menge Handgriffe waren noch zu erledigen. Was in weiser Voraussicht und gut organisiert ins Auto gepackt wurde, schien jetzt unauffindbar. Panische Bewegungen: Wo sind die Schutzgamaschen? Der Halsring als Anbindevorrichtung, wo war er auf der Fahrt hingerutscht? Die Decke – hatte ich sie überhaupt eingepackt? Es fand sich schließlich alles.
Der Westernsattel wurde leicht angezogen und die Stute wollte los.

Der Ritt

Immer wieder starteten Reiter in Zweier- oder Vierergruppen und begannen, ihre Karten zu studieren. Schwarzweißkopien dienten der

Wegfindung – im Trab nicht immer eine leichte Übung. Schnell fanden sich Teams im unwegsamen Gelände. Zwei verschiedene Bahnschienenstränge brachten uns fast zur Verzweiflung: Es stellte sich heraus, dass eine Schiene nach Pfungstadt und die zweite auf dem richtigen Pfad gen Süden verläuft. Dieser folgten wir und trabten flott durchs Ried. Es lief an diesem Tag gut für die Pferde, ohne Einschränkungen durchliefen sie die Pulskontrollen und das regelmäßige Vortraben aus Tierschutzgründen. Nach einem Ritt von ca. 30 Kilometern im Flachland ging's bergauf zum Alsbacher Schloss. Die warmen Muskeln vertrugen die Anstrengung gut, doch viel zu schnell bekamen wir ein kleines Problem. Meine Mitstreiterin wählte einen Weg, der steil den Hang hochführt und dies kostete unsere Rösser unnötig Energie. Die knappe Etappe bis zum Schlosshof reichte nicht aus, um den Puls rechtzeitig wieder zu senken. Das war eine unvernünftige Aktion, die wir in Zukunft vermeiden werden; doch es ist noch kein Meister vom Himmel gefallen.

Die Mittagspause

Die anschließenden Untersuchungen verliefen wieder reibungslos und auch der Puls senkte sich innerhalb der vorgeschriebenen Minuten bis zum Nachmessen. Die Pferde wurden mit dicken Decken gut gegen das Auskühlen geschützt, vorsichtig getränkt und langsam bewegt, während wir uns mit Kaffee und heißem Eintopf stärkten. Kurz darauf wurden wir auf die weitere Strecke entlassen.

Das letzte Stück

Der »Commoder Weg« empfing uns mit zahlreichen Kehren, die sich den Berg hochschlängeln. Überall gab es Möglichkeiten, sich zu verreiten. Höchste Konzentration erforderte die Navigation mit der einfachen Kartenkopie. Viele Wege führen nach Rom, doch welcher zum Felsberg? Eigentlich müsste mir die Gegend bekannt vorkommen, weil ich Jahre zuvor hier öfter geritten bin. In der winterlichen Umgebung sah aber alles ganz anders aus, gewohnte Wege nahmen ein neues Erscheinungsbild an. Wunderschön war ein Anstieg auf freier Fläche über einen Wiesenteil. Bald darauf empfing uns der Wald wieder mit kahlen Laubbäumen und frostigen Temperaturen. Kurz vor der »Kuralpe«, einem beliebten Ziel für Wanderer, kehrte die Erinnerung wieder. Über die »Hutzelstraße« sind es nur noch wenige hundert Meter bis zum »Kohlwiesenhof«, der seit vielen Generationen existiert. Ein sympathisches Ehepaar übernimmt dort jährlich die Versorgung der Reiter in einem hauseigenen Felsenkeller, der mit Holzofen und Strohballen zum heimeligen Lager rund um die Siegerehrung wird. Glühwein, Plätzchen, schmackhafte warme Speisen und eine tolle Stimmung machten diesen Ritt zu einem besonderen Erlebnis. Unsere Pferde standen währenddessen in ihren Boxen, die wir vorsorglich reserviert hatten. Die Nachuntersuchung war nach der umsichtigen Behandlung der Tiere nur eine Formsache – am nächsten Morgen wird etwas gegen den zu erwartenden Muskelkater unternommen.

Viele Jahre lang sollte dieser Ritt ein fester Bestandteil in meinem Terminkalender werden, bis ich mich entschied, das Distanzreiten nur noch mit der Kamera vom Boden aus zu verfolgen und meine Erfahrungen an Interessierte weiterzugeben.

Von Ramona Dünisch

Bavarian Trail – der längste deutsche Distanzritt

Wenn ich heute zurückblicke auf fünfeinhalb Jahre aktiven Distanzsport mit abgelegter Leistungsprüfung und vielen Ritten, die mich zusammen mit meiner Vollblutaraberstute »Ria del Rae« vom hohen Norden bis ins südliche Bayern führten, dann waren die 240 Kilometer des Bavarian Trail die schönsten, die ich je geritten bin. Das Distanzreiten prägte mein späteres Leben und auch meine Begeisterung für Fotografie und Journalismus entdeckte ich durch diese Leidenschaft. Distanzreiten schult den Orientierungssinn, die logistischen Fähigkeiten, die Menschenkenntnis und nicht zuletzt die Liebe zum Tier – warum das so ist, werden Sie vielleicht im folgenden Bericht zwischen den Zeilen entdecken können.
Ende August 1996. Gegen 23.00 Uhr rollt unser Gespann auf die regennassen Koppeln des Bauernhofes »bei Zopp« zwischen Mindelzell und Hasberg. Ein großes weiß-blaues Banner mit der Aufschrift »Bavarian Trail« empfängt jeden Besucher und demonstriert den Stolz im Land der Bayern. Es tut gut, wieder Heimatluft zu schnuppern – vor vielen Jahren bin ich nach Hessen »emigriert« und fühle mich stets dem Bayerischen näher ...

Ein Bekannter hatte sich bereit erklärt, in den nächsten Tagen Pkw und Pferdehänger zu fahren, damit ich mich ungestört dem Ritt widmen kann.

Der erste Tag

Nach einer unruhigen Nacht und bestandener Voruntersuchung orientierten wir uns auf den ersten Metern mit hervorragendem Kartenmaterial. In Farbkopien war rot und exakt die zu reitende Strecke eingetragen worden – ein Kinderspiel für konzentrierte Augen, wäre da nicht der Regen gewesen. Trotz Folienschutz wurde das Papier immer nässer und zerfaserte zusehends. Die Route ging durchs Ried – täglich waren zwei Stopp-Punkte zu passieren mit Pulskontrollen und Vet-Checks durch die begleitenden Tierärzte. Nach 59 Kilometern hatten wir am ersten Tag Fristingen erreicht und übernachteten auf dem Gelände einer Spedition. Bei Rollbraten und Bier waren die kleinen Hindernisse vom Morgen rasch vergessen. Alpenländische Musik verwöhnte unsere Ohren, während die Kleidung an der frischen Luft langsam wieder trocknete.
Als kleines Bonbon entließ die Sonne noch ein paar wärmende Strahlen auf das Geschehen und brachte uns ein Fünkchen Hoffnung für den nächsten Tag und die nächsten Kilometer.

Sonnenschein am zweiten Tag

Herrliches Wetter empfing uns am Morgen, als wir das Auried durchquerten. Wir gönnten unseren Pferden flotten Trab, da sie nach Kilometer 10 mit guten Pulswerten glänzten. Meine »Ria« liebäugelte mit der Stute »Sharia«, in der sie eine neue Wahlschwester gefunden hatte. Beide harmonierten in punkto Temperament und Tempo perfekt. Der Flughafen Donauwörth lag zu unserer Rechten und bis zum wunderschönen Stopp Lenenhof gab es keinerlei Schwierigkeiten. An der ehemals blauen Donau wurde ein weiteres Mal der Puls kontrolliert. Die Pferde erhielten Wasser.
In Leitheim lockten uns Reiter saftige Äpfel und Zwetschgen, sie hingen direkt vor uns am Baum – es wäre eine Schande gewesen, diese wegen des Wettbewerbs nicht zu probieren. Die Hitze wurde immer größer, als wir längs der Donau nach Osten bis zur Staustufe Bertoldsheim unseren Weg suchten. Einige Reiter ersetzten ihren Pferden verlorene Eisen und einige konditionelle Schwächen wurden bemerkt – sowohl bei den Reitern als auch bei den Pferden. Und so manches Material

hielt nicht, was der Hersteller zuvor im Prospekt versprochen hatte. Die Partbred-Stute »Sharia« wurde zum »Seepferdchen«, als kurz vor Hatzenhofen der Weg als kleine Furt durch fließendes Wasser führte. Die Pferde nahmen die Chance zur natürlichen Wasseraufnahme dankbar wahr. Nach 65 zurückgelegten Kilometern erreichten wir an diesem Tag neben einer Pferdeherde auf der Weide den Zielpunkt Treidelheim.

Eine anspruchsvolle Strecke

Die Pferde wurden langsam etwas schmaler, sprühten jedoch vor Energie und Tatendrang. Am liebsten wären sie bereits am Morgen vom Start weg losgaloppiert. Unsere Route führte uns entlang einer stillgelegten Eisenbahnstrecke und vorbei an der Weinberger Höhle. Kurz vor dem Ort Hütting musste in Military-Manier ein breiter Graben überwunden werden und nach dem ersten Stopp bei Kilometer 16 hinter dem Maibaum von Meilenhofen eine Wiesenfurt.

Ein ausgerenkter Wirbel des Kreuzdarmbeingelenks brachte meiner treuen Stute an diesem Tag nach insgesamt 160 zurückgelegten Kilometern das Aus wegen Lahmheit.
Das restliche Reiterfeld passierte den Böhmfelder Wald nach Arnsberg und kam anschließend in Zandt ans Ziel. Einige Teilnehmer entschlossen sich hier, ihre Pferde aus dem Wettbewerb zu nehmen.

Der letzte Tag

Frisch gestärkt nahmen die anderen Reiter nach dem Frühstück die letzte Etappe in Angriff. Nach dem Stopp am Ziegelhof trabten alle in Richtung Altmühltal zur Pause in Aichkirchen. Oberhalb von Pettendorf endete der Ritt nach 240 abenteuerlichen Kilometern. Es wird berichtet, dass eine Reiterin am letzten Tag den direkten Weg über den Asphalt nahm, um schneller ans Ziel zu kommen.

Zwei Jahre später fand der Ritt ein weiteres Mal statt und damals kamen wir an ...

Ob ich diesen Ritt wieder reiten würde?
Selbstverständlich – keine Frage!

Von Ramona Dünisch

Raid de Barcelona 2000

Am 8. und 9. Dezember 2000 fand im ca. 80 Kilometer nördlich von Barcelona gelegenen Santa Susanna der letzte Distanzritt des Jahres in Europa statt. An zwei Tagen mussten 200 Kilometer zurückgelegt werden. Santa Susanna ist ein kleiner Urlaubsort und liegt direkt am Mittelmeer. Er hält um diese Jahreszeit gewöhnlich seinen Winterschlaf. Die Hotels sind überwiegend geschlossen und die Straßen wie leergefegt. Das 3-Sterne-Hotel Mercury hatte extra für diese Veranstaltung geöffnet. Hier wurden alle Teilnehmer des Rittes zu äußerst fairen Preisen untergebracht. Die Organisatoren hatten sich große Mühe gegeben, alles so zentral wie möglich zu gestalten. So waren die Stallzelte sowie die Tierarztuntersuchungen mit Vortrabstrecke direkt neben dem Hotel, die Meldestelle hatte sich in der Eingangshalle einquartiert.

Da dieser Distanzritt zwar als schwierig, jedoch auch als sehr reizvoll galt, mit exzellenter Organisation, hatten sich drei deutsche Reiterinnen auf den langen Weg nach Barcelona gemacht. Das Trio bestand aus Belinda Hitzler, die wieder ihren Vollblutaraber »Experiment« dabei hatte, Melanie Arnold mit »Simple the Best« und Rebecka Arnold mit »Dekan«.

Weil alle am Ritt Beteiligten im gleichen Hotel wohnten und sich immer wieder zu den Mahlzeiten im Restaurant oder zwischendurch im Bistro trafen, herrschte eine hervorragende Stimmung.

Plauderei vor den Stallzelten in Santa Susanna

Auch bei diesem Ritt hatte die Crew viel zu tun.

Dass die 200 Kilometer kein Spazierritt werden sollten, hatte die Crew bereits beim Abfahren der Strecke und der Vet-Gates einen Tag vorher festgestellt. Denn manche Punkte konnten aufgrund von Geröll, tiefen Löchern und Felsen nur mit Geländewagen erreicht werden. Da wir keinen Offroader besaßen, hatte sich kurzerhand der Bürgermeister von Santa Susanna angeboten, mit seinem Jeep auszuhelfen. Wir hatten uns jedoch zwischenzeitlich untereinander organisiert, somit war dies nicht mehr nötig und wir hatten dankend abgelehnt, soviel zur Gastfreundschaft und Hilfsbereitschaft der Spanier.

Der erste Tag

Nach bestandener Voruntersuchung konnten am ersten Tag 90 Pferde an den Start gehen, der um 7:30 Uhr freigegeben wurde. Nach ordentlichem Bergauf und Bergab über harte Sandwege, aber auch Geröll, erreichten die Reiter das erste Vet-Gate. Nach 40-minütiger Pause ging es dann bei Sonnenschein und mittlerweile sehr warmen Temperaturen zurück nach Santa Susanna zur vorletzten Tierarztkontrolle mit anschließender Pause. Der Rückweg war nicht mehr ganz so anspruchsvoll. Die letzte Etappe war dafür umso schwerer, die vielen zu überwindenden Höhenmeter und das tückische Geläuf mit Geröll, Fels und Auswaschungen forderten noch einmal vollen Einsatz von Pferd und Reiter. Auf dem Rückweg nach Santa Susanna wurde man jedoch jedes

Mal mit einem herrlichen Ausblick auf das Meer bei strahlend blauem Himmel für die Anstrengungen entschädigt.

Trotz der schwierigen Strecke hatte der Etappensieger eine beachtliche Zeit geritten, er erreichte das Ziel in nur 5 Stunden und 32 Minuten mit einer Durchschnittsgeschwindigkeit von 17,87 Kilometer pro Stunde. Die drei Amazonen aus Deutschland kamen mit ca. 14,60 Kilometer pro Stunde 1 Stunde und 15 Minuten später an.

Der zweite Tag

Nach der Nachuntersuchung waren am ersten Tag noch 68 Pferde im Rennen. Unter den Reitern befanden sich auch die drei deutschen Frauen. Am nächsten Morgen mussten alle Pferde nochmals den Tierärzten vorgetrabt werden, bevor die Starterlaubnis erteilt wurde. Letztendlich durften dann noch 54 Pferde bei herrlichem Sonnenaufgang starten. Leider musste Rebecka Arnold aufgeben, da sich »Dekan« eine Zerrung zugezogen hatte.

Auch am zweiten Tag legte die Spitzengruppe ein beachtliches Tempo vor, das jedoch nicht alle überstanden. Die beiden Deutschen Melanie Arnold und Belinda Hitzler konnten ohne Leistungsabfall ihr Tempo vom Vortag durchreiten und ließen sich nicht von den schnellen Zeiten der anderen beeindrucken, was sich am Schluss auch auszahlte. Insgesamt waren von ursprünglich 90 Startern noch 30 Pferde in der Wertung, Melanie erreichte mit einer Reitzeit von 13:14 den 14. Platz und Belinda mit 13:24 den 18. Platz.

Die Siegerehrung fand nach dem Abendessen im Hotel statt und anschließend wurde bis in die frühen Morgenstunden kräftig gefeiert und getanzt.
Alles in allem haben sich die großen Strapazen der langen Anfahrt gelohnt, denn es war eine gelungene Veranstaltung, die hervorragend organisiert war, mit einer zwar sehr anspruchsvollen, jedoch landschaftlich äußerst reizvollen Streckenführung. Das herrliche Wetter hat natürlich wesentlich zur guten Laune unter den Reitern beigetragen und wir haben den Sonnenschein und die milden Temperaturen sehr genossen.

Von Stephan Schelldorf, Betreuer

Distanzreiten war schon immer tief in der arabischen Tradition und Kultur verwurzelt.

Es hat sich gezeigt, dass der Vollblutaraber für diesen Sport besonders geeignet ist und bereits große Erfolge auf Distanzrennen erzielen konnte.

In den Vereinigten Arabischen Emiraten finden hervorragend organisierte Wettkämpfe statt.

Der gigantische Sprung, den speziell Distanzreiten, jedoch auch der Pferdesport im Allgemeinen in den Vereinigten Arabischen Emiraten gemacht hat, ist hauptsächlich durch die Begeisterung und den Einsatz des Präsidenten, seiner Hoheit Scheich Zayed bin Sultan Al Nahyan entstanden.

Seine Exzellenz, Scheich Sultan bin Khalifa bin Zayed Al Nahyan, ist Präsident der UAE Equestrian and Racing Federation. Ihm unterstehen alle Reitsportveranstaltungen in den Vereinigten Arabischen Emiraten und er setzt sich auf der ganzen Welt für diesen Sport ein, was die Entwicklung des Distanzreitens enorm beschleunigte.

So hat sich das Distanzreiten in den vergangenen Jahren zu einer großartigen Reitsportdisziplin entwickelt und wurde der Zuständigkeit der Internationalen Reiterlichen Vereinigung (FEI) unterstellt.
Distanzreiten unterliegt nun den klaren Regeln der FEI und die Aufnahme als olympische Disziplin wäre der letzte Schritt zur vollkommenen internationalen Anerkennung. Laut Aussage der FEI steht Distanzreiten vor dem »Olympischen Tor« und die Organisation tut alles Mögliche, um die Akzeptanz beim Olympischen Komitee zu fördern.
Die Reiter in vielen Ländern, die sich aktiv im Distanzreiten engagieren, hoffen, dass unser Sport bald Teil der Olympischen Spiele sein wird.

Die Golfstaaten, besonders die Vereinigten Arabischen Emirate, hoffen sehr auf eine Aufnahme des Distanzreitens als Olympische Disziplin. Diese Länder haben durch ihre extrem schnelle Entwicklung des Sportes in den vergangenen Jahren gezeigt, dass ihnen Distanzreiten sehr ans Herz gewachsen ist und auch mit ihrer Kultur und Einstellung harmoniert.
Es wird erwartet, dass sich die Golfstaaten, allen voran die Vereinigten Arabischen Emirate, stark auf das Distanzreiten konzentrieren werden. Zudem wollen sie die Regeln verfeinern und, sobald Distanzreiten olympische Disziplin ist, hoch qualifizierte Teams bilden.

Diese Länder sind daran interessiert, dass sich der Sport als Ausdruck ihrer arabischen Kultur bestmöglich entwickelt. Ziel der Arabischen Länder ist es, beim Distanzsport zur Weltspitze zu gehören.
In den Vereinigten Arabischen Emiraten werden regelmäßig Distanzritte veranstaltet. Einige der Reiter verfügen über langjährige Erfahrung, andere wiederum haben erst vor kurzem mit diesem Sport angefangen.

Ein anderer Meilenstein in der Geschichte des Distanzreitens war die Gründung der European Long Distance Riders Conference (ELDRIC) im Jahre 1979.

Die ELDRIC hat Regeln für den Sport erstellt und internationale Ritte organisiert wie die Europameisterschaft (erstmals 1984 in Frankreich ausgetragen) und die Weltmeisterschaft (erstmals 1986 in Rom).

Distanzreiten hat sich als sichere Reitsportart erwiesen und wurde deshalb in die Federation Equestre International (FEI) integriert. Seitdem haben sich mit Unterstützung der FEI der Ruf und die Regeln des Sportes wesentlich verbessert.
Hauptziel der FEI ist die weltweite Entwicklung und Förderung des Distanzreitens mit den höchsten Standards. Die Vereinigten Arabischen Emirate haben ein besonderes Interesse, sicherzustellen, dass dieses Ziel erfolgreich verfolgt wird.

Von Faisal Seddiq Al Mutawa, Secretary General & Chairman of the Organising Committee

Begriffserklärungen

Ausschreibung Schriftliche Information über den Ritt, die beim Veranstalter angefordert werden kann.

Dehydration bedeutet Austrocknung, dies kann mit dem Hautfaltentest festgestellt werden. Dabei packen Sie eine Hautfalte am Hals und lassen sie wieder los. Wenn die Hautfalte so bleibt und nicht sofort wieder in den Normalzustand zurückkehrt, leidet das Pferd unter Dehydration.

Kontrollpunkt Streckenposten, der alle Reiter notiert.

Metabolische Probleme Stoffwechselstörungen, die zum Beispiel durch Überlastung oder Dehydration verursacht werden können. Erste Anzeichen sind erhöhte Pulswerte, Appetitlosigkeit, Apathie oder Gleichgewichtsstörungen. Bei metabolischen Problemen ist höchste Vorsicht geboten und ein Tierarzt sollte zu Rate gezogen werden.

Milchsäure Der Muskel produziert die Substanz während der Arbeit. Wenn die Milchsäure nicht schnell genug mit dem Blut abtransportiert wird, kann die Muskulatur geschädigt werden.

Nachuntersuchung Nach dem Zieleinlauf werden die Pferde nochmals vom Tierarzt untersucht. Er stellt fest, ob diese reittauglich sind und noch 20 Kilometer zurücklegen können.

Nennung Anmeldung zum Wettkampf. Nennungsformulare erhalten Sie beim Verein Deutscher Distanzreiter und Fahrer.

Paddock Mittels Elektroband und Kunststoffstangen wird eine 3 x 3 bis 5 x 5 Meter große Fläche abgesteckt, in der sich das Pferd frei bewegen kann.

Pause Nach der Tierarztkontrolle müssen alle Reiter eine Zwangspause einlegen.

Ridgewaytrot	*Eine Form der Verfassungskontrolle. Der Tierarzt nimmt die Pulswerte, anschließend trabt man eine 35 Meter lange Strecke hin und her. 60 Sekunden nach der ersten Messung wird nochmals Puls genommen, der dann nur ca. 4 Schläge pro Minute höher sein darf. Sonst besteht Verdacht auf gesundheitliche Probleme.*
Schwebesitz	*Mit diesem Sitz können die Pferde entlastet werden. Der Reiter steht mit leicht angewinkelten Beinen in den Bügeln.*
Steady State	*Das Gleichgewicht von Energieverbrauch und aerober Energiegewinnung.*
Trot-By	*Der Tierarzt überprüft die vorbeitrabenden Pferde auf Lahmheiten.*
Unangekündigte Kontrollen	*Stopps auf der Strecke, die zuvor nicht vereinbart wurden. Sie finden meist zwischen dem letzten Vet-Gate oder Vet-Check und dem Ziel statt, um die Pferde nochmals zu kontrollieren und um sie vor einer Überlastung kurz vor dem Finish zu schützen. Bei den Kontrollen wird nur der Puls gemessen, der innerhalb von 20 Minuten einen Wert von 72 Schlägen pro Minute erreichen muss, bevor weitergeritten werden darf.*
Vet-Check	*Pulskontrolle ohne Pause, ein zuvor festgelegter Grenzwert muss erreicht werden.*
Vet-Gate	*Pulskontrolle mit anschließender Pause von mindestens 30 Minuten, die erst bei Erreichen des Puls-Grenzwertes beginnt. In der Pause wird das Pferd versorgt.*
Vorbesprechung	*Sie findet entweder am Vorabend oder zwischen der Voruntersuchung und dem Start statt. Grundsätzliche Dinge werden besprochen wie zum Beispiel der Ablauf der Vet-Checks oder wie oft bei einer Pulskontrolle nachgemessen werden darf.*

Literaturverzeichnis

GOLD, MANFRED: Der Pferdewirt. BLV.

GROSSER, MANFRED/STARISCHKA, STEPHAN/ZIMMERMANN, ELKE: Das neue Konditionstraining. BLV.

HEIPERTZ-HENGST, CHRISTINE: Pferde richtig trainieren. Cadmos.

HOFMANN, SILVIA C.: Pferde richtig füttern. BLV.

KASPER, ARMIN: Hufkurs für Reiter. Franckh-Kosmos.

KAUN, DR. REINHARD: Sportpferde in Training und Wettbewerb.

KLEVEN, HELLE K.: Physiotherapie für Pferde. FN Verlag

LAUNER/MILL/RICHTER: Krankheiten der Reitpferde. Eugen Ulmer.

RAATZ, WILFRIED: Richtig Marathon. BLV.

SNADER, MEREDITH L. U.A.: Pferde natürlich behandeln und heilen. BLV.

SWIFT, SALLY: Reiten aus der Körpermitte. Müller Rüschlikon.

TELLINGTON-JONES, LINDA/BRUNS, URSULA: Die Tellington-Methode: So erzieht man sein Pferd. Müller Rüschlikon.

TELLINGTON-JONES, LINDA/TAYLOR, SYBIL: Die Persönlichkeit Ihres Pferdes. Franckh-Kosmos.

WESSINGHAGE, DR. MED THOMAS: Laufen. BLV.

Themensammlung, Wissenswertes rund um den Distanzsport, herausgegeben vom VDD

Distanz Aktuell, Verbandszeitschrift des VDD

Wichtige Adressen

VDD Verein Deutscher Distanzreiter und Fahrer Geschäftsstelle Michaela Lenartz / Angelika Kreft Habichtstr. 77 45527 Hattingen Tel.: 02 324-23 841 Fax: 02 324-54 191 e-mail: GSVDD@t-online.de www.vdd-aktuell.de

VFD Vereinigung der Freizeitreiter und -fahrer in Deutschland www.vfdnet.de

Deutsche Reiterliche Vereinigung e.V. (FN) 48229 Warendorf Tel.: 02 581-63 620 Fax: 02 581-62 144 e-mail: fn@fn-dokr.de www.fn-dokr.de

Fédération Equestre Internationale (FEI) Avenue Mon Repos 24 PO Box 157 CH-1000 Lausanne 5 Tel.: 00 41-21 310 47 47 Fax: 00 41-21 310 47 60 e-mail: info@horsesport.org www.horsesport.org

Endurance and Long Distance Riding International Conference (ELDRIC) Diskmark, The Old Forge, Stroud Road, Bisley, Stroud, Glos GL6, 7BG, UK Tel.: 0044-1452 770739 Fax: 0044-1452 770903 eldric@diskmark.com www.eldric.org

France Endurance www.france-endurance.com

ARBRE France www.ourworld.compuserve.com

BEel. Endurance (Belgien) www.endurance-belgium.com

Schweizerische Distanzreiter Vereinigung SDV www.swissendurance.ch

Distanzreiten in Österreich www.distanz.info.indec.at

U.A.E. Equestrian and Racing Federation Worldwide Rankings www.equestrian-racing-uae.org.ae
Weitere Homepages:
www.people.freenet.de
www.happy-riders.de
www.endurancenet.net
www.distanztreff.de

Bildnachweis
Dünisch, Ramona: 1, 2, 3, 8, 9, 12, 13, 14, 17, 20, 27, 28, 30, 33, 36, 49, 50, 57, 62, 63, 66, 69, 70, 73, 80 (oben), 84, 88, 90, 97, 105, 116, 117, 119, 121, 124, 135
Rittel, Anton: 62

Schelldorf, Stephan: 4, 11, 16, 19, 29, 31, 34, 39 (oben und unten), 40, 42, 43 (oben und unten), 44, 47, 51, 60, 61, 64, 67, 68, 72, 74, 75 (links und rechts), 77 (oben, Mitte, unten), 79 (links und rechts), 80

(unten), 81, 85, 86, 87, 98 (links und rechts), 101, 102, 103, 106, 110 (oben und unten), 111, 112, 114 (oben und unten), 115 (oben und unten), 118 (links und rechts), 122 (oben und unten), 123

Register

A

Anatomie	21 ff
Araber-Mix	28
Atmung	42 ff
Ausschreibung	91 ff
Ausrüstung	71 ff

B

Bekleidung	71, 72
Biotin	56
Biothane	79
Boxenhaltung	35

C

CEI	10
Check-Karte	104
Crew	85 ff

D

Darm	52
Dauermethode	45
Decke	81
Dehnübungen	110
Deutsche Reiterliche Vereinigung (FN)	10
Distanzen	89

E

Einführungsritt (EFR)	89
Eisen	55
Eiweiß	54
ELDRIC	10
Elektronischer Pulsmesser	44
Energiebedarf	56, 57
Energiestoffwechsel	38
Englisches Vollblut	29
Ernährung	18, 19
Equidenpass	95, 96
Erste Hilfe	99
Exterieur	21 ff

F

FEI	10
FEI-Pass	124
Fertigfutter	59
FN	10

G

Gamaschen	81
Gangkontrolle	106, 107
Gebäude	21 ff
Gerste	58
Groom	86
Grundkondition	39 ff

H

Hackamore	80, 81
Hafer	58
Haltung	33ff
Herzfrequenz	42, 43
Heu	58
Hufbeschlag	62 ff, 65, 66
Huffett/-öl	68, 69
Hufmechanismus	63, 64
Hufpflege	67, 68
Hufschutz	66

I

Internationale Reiterliche Vereinigung	10
Intervallmethode	46

K

Kalium	54
Kalzium	54
Kartenritt	91
Krafttraining	17
Kühlgamaschen	115, 118
Kupfer	55

L

Luwex-Platten	65

M

Magnesium	54
Mais	58
Markierung	117
Mash	59
Massage	122, 123
Maulspritze	61
Mengenelemente	54
Mindestalter	32
Mineralstoffe	54

N
Natrium 54
Nennung 94
Noppenstriegel 122

O
Öl 57
Offenstall 33

P
Paddock 103
PAT (Puls, Atmung,
Temperatur) 42 ff
Phosphor 54
Ponys 31
Puls 42 ff
Pulsmessung 43, 44, 118

R
Regenerationszeit 116
Reithalfter 80, 81
Reithelm 73

S
Sattel 74, 75
Satteldruck 78
Sauerstoff 38
Schwebesitz 16
Selen 55
Sitz 15 ff
Spurenelemente 55
Start 111 ff
Steigbügel 78
Steigbügelriemen 78

Stellungsfehler 21
Stollen 67

T
Tempoberechnung 48
Tender 78
Traber 30
Trainingsmethoden 45 ff
Transport 101
Treckingstiefel 71
Trockenschnitzel 59
TTOUCH 121
Turnschuhe 72

V
VDD 10, 92
Verdauung 51
Verdauungsapparat 52
Vet-Check 112
Vet-Gate 113
Vitamine 55, 56
Vollblutaraber 28
Vorbesprechung 107, 108, 121
Vorderzeug 81
Vortraben 105, 107
Voruntersuchung 104, 113

W
Warmblut 30
Widia-Stift 67

Z
Zaumzeug 79
Zink 55

So bleibt Ihr Pferd gesund und fit

Karen E. N. Hayes
**Kursbuch
Pferdekrankheiten**
Der sichere Weg zur schnellen
Hilfe: mit den Aktionsplänen
alle Symptome, Erkrankungen
und Verletzungen beim Pferd
sicher diagnostizieren und
behandeln; Praxis der Selbst-
behandlung, Basiswissen zur
Pferdehaltung und Gesund-
heitsvorsorge.

Karen E. N. Hayes
**Kursbuch
Pferdekrankheiten
Checklisten zur ersten Hilfe**
Ergänzend zum Kursbuch – für
die Stallapotheke, griffbereit
im Notfall: die Aktionspläne,
in einem separaten Taschen-
buch zusammengefasst.

Sara Wyche
**Ganzheitliche Medizin
für Pferde**
Prinzipien der ganzheitlichen
Pferdemedizin: Chiropraktik,
Physiotherapie, Homöopathie,
Massage u.v.m.; alternative
Anwendungsmöglichkeiten
im täglichen Umgang mit
dem Pferd.

Hilke Holena
Homöopathie für Pferde
Pferde erfolgreich behandeln
mit der klassischen Homöopathie nach Hahnemann: leicht
verständliche Einführung in die
Grundlagen, die wichtigsten
Arzneimittel, Konstitutionstypen
bei Pferden, bewährte Arzneien
gegen spezielle Beschwerden
des Pferdes, Krankheiten von
A–Z.

BLV Freizeitreiten
Christine Lange
Das gesunde Pferd
Mehr Lebensqualität für Pferde
durch artgerechte Haltung; in-
dividuelle Fütterung, sorgsame
Pflege, gesundheitsfördernde
Maßnahmen, Unfallverhütung,
Erste Hilfe und vieles mehr.

BLV Pferdepraxis
Renate Ettl
**Pferde naturgemäß
und artgerecht halten**
Aus Liebe zum Pferd: die ver-
schiedenen Möglichkeiten der
artgerechten Haltung unter
Berücksichtigung der natürli-
chen Bedürfnisse des Pferdes,
Weidewirtschaft, Stallbau,
Praxistipps.

Jean-Pierre Hourdebaigt
Pferdemassage
Praxisratgeber über schonende
Massage für Pferde – Schritt für
Schritt leicht nachvollziehbar:
Anatomie und Physiologie des
Pferdes, Grundprinzipien der
Massage, die einzelnen Massa-
getechniken, verschiedene
Behandlungsbereiche.

Meredith L. Snader /
Sharon L. Willoughby /
Deva Kaur Khalsa
**Pferde natürlich behandeln
und heilen**
Die Behandlung von Krank-
heiten und Verletzungen beim
Pferd auf sanfte, natürliche
Weise: Akupunktur, Chiroprak-
tik, Homöopathie, Massage,
Heilkräuter-Anwendungen;
mit detailliert beschriebenen
Therapievorschlägen.

Ausbildung von Pferd und Reiter

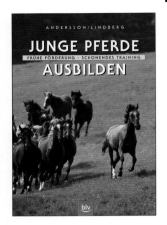

Ingrid Andersson/
Charlie Lindberg
Junge Pferde ausbilden
Schonende Pferdeerziehung in
den ersten fünf Lebensjahren,
den Entwicklungsphasen des
Pferdes entsprechend; Grundausbildung, Einreiten, Konditionstraining, Ausbildungskon-
zepte, Doping und Krankheiten,
Rekonvaleszenz, das erwach-
sene Pferd.

BLV Pferdepraxis
Kerstin Diacont
Das Problempferd
Die Ursachen von Problemen
und Untugenden beim Pferd,
grundsätzliche Richtlinien für
den Reiter, Praxisbeispiele für
erfolgreiche Korrekturmög-
lichkeiten.

BLV Freizeitreiten
Britta Schön
**Untugenden des Pferdes
korrigieren**
Grundlagen zur sinnvollen
Arbeit und zum richtigen Um-
gang mit Pferden; häufige
Untugenden und Probleme:
Ursachen erkennen und analy-
sieren, bewährte Korrektur-
maßnahmen.

Blyth Tait
Cross-Country-Reiten
In Frage und Antwort: Problem-
lösungen für Geländereiter aller
Leistungsklassen, die im Turnier-
sport starten – mit vielen Fotos
und Grafiken, die Fehler und ihre
Korrektur deutlich darstellen.

Stefan Radloff
Reitausbildung mit System
In Text und Grafik präzise demonstriert: Grundlagen und
systematisch aufgebaute Tages-
lektionen für die Dressur- und
die Springausbildung; die optimale Zusammenarbeit zwi-
schen Reiter und Pferd, die
Aufgaben des Ausbilders,
Trainingsplanung.

Gerhard Kapitzke
Zügelführung mit Gefühl
Das Zwiegespräch zwischen
Reiterhand und Pferdemaul mit
einfühlsamer Zügelführung; die
Grundprinzipien der Zügelführung, ihre verschiedenen Wirk-
ungsweisen und deren pfer-
degerechte Anwendung.

BLV Arbeitsbuch Pferd
Kerstin Diacont
Bodenarbeit mit Pferden
Psychologisches Grundwissen:
das artspezifische Verhalten der
Pferde und wie man es für die
Ausbildung nutzt; Praxis: Aus-
rüstung, Übungsanleitungen
aus Dressur und Westernreiten,
Beispiele für die Korrektur ver-
rittener Pferde.